筑摩選書

阿満利麿
Ama Toshimaro

『往生要集』入門

人間の悲惨と絶望を超える道

『往生要集』入門　目次

注：目次にある「大文第一」から「大文第十」は、『往生要集』原文の章立てである。
なお、『往生要集』原文の全巻の構成は下記の通り。
巻上「大文第一　厭離穢土」「大文第二　欣求浄土」「大文第三　極楽の証拠」「大文第四　正修念仏」
巻中「大文第五　助念の方法」「大文第六　別時念仏」
巻下「大文第七　念仏の利益」「大文第八　念仏の証拠」「大文第九　往生の諸行」「大文第十　問答料簡」
本書においては、「大文第三」は第二章において扱っている。

『往生要集』入門

人間の悲惨と絶望を超える道

はじめに

『往生要集』は九八五年に成立した。この古典を、千年以上の年月を経た今日、あらためてとりあげる理由はどこにあるのか。

一つは、その深い人間洞察に惹かれるからだ。著者の源信が、「地獄」と「極楽」という、今の人間にはおどろおどろしく感じられる対比を使って明らかにしようとしたのは、人間の心底を流れる、真実を求める強い願いを浮き彫りにするためにほかならない。その願いは、今の私たちには縁遠いように思われるが、『往生要集』の文言にふれると、そうした願いが私たちの心の奥深くにまだ生きていることに気づくのである。

思えば、現代では、人の生涯は、誕生から死までのたかだか百年に限られていて、しかも、死ねば「無」になるという。また、現実に生じる様々な問題や不条理を、自分が生きている時間のなかで解決、納得しようともがく。だが、人生はそれほど簡単なものであろうか。私たちは、自分の人生のなかで生じた問題のほとんどを未解決のままにして、生涯を終わるのではないか。解決・納得したらしく見えるのも、たんに忘却であることがほとんどではないか。

それに比べると、源信は、現実の生をはるかな過去から位置づける、長大な時間軸を採用している。そもそも、人間として生まれてきたというのも、はじめてのことではないのだ。今の人生の前に、どれだけの生をくり返していることか、と源信は嘆息している。

はたまた、その生存する空間についても、源信は、現代の宇宙論の常識をはるかに超えた無限の広がりにおいて考えている。それは、神話的時間であり神話的空間ということになるのであろうが、源信の魅力は、その神話を実際に生きて見せたということであろう。いや、その神話を使って、人間の悲惨と絶望を超える道を見いだした、ということである。

二つは、『往生要集』が、互いの死を互いに看取り合うことを目的とする、信仰を同じくするグループのための「指南書」であった、という事実にある（井上光貞『新訂日本浄土教成立史の研究』、石田瑞麿『日本思想大系6　源信』〈解説〉等）。そのグループは、「二十五三昧《にじゆうござんまい》会《え》」という、比叡山の僧侶たち有志の「念仏結社」であった。『往生要集』は、彼らの運動を支え、方向を与えるために使用されたという。つまり、たんなる仏教思想の解説書ではなく、救済の具体的実践を前提にしている、あるいは、そうした実践を組み込んだ実用書だということである。

私は、この指摘は重いと思う。なぜならば、現代は、血縁・地縁をはじめ、さまざまな人間関係の枠組みが崩壊、無力化してきている時代であり、人は文字通り、孤独の真っただなかで、死んでゆかねばならない。それだけに、その悲しみを少しでも和らげる工夫が求められるのだが、『往生要集』には、その手掛かりがいたるところに見いだせる。とするならば、無関心ではおられないではないか。

＊

著者の源信について、簡単に紹介しておく。源信は、今の奈良県の当麻《たいま》で生まれた（九四二年）。母は、浄土教の信者であったという。彼の三人の姉妹も出家している。彼が比叡山延暦寺で、いつ出家したのか、その時期は不明である。当時の比叡山延暦寺は、天台宗の総本山として、また、当時の政治体制を支える柱として、英才が集まる最高の学府でもあった。その延暦寺を率いる良源《りょうげん》に、源信は師事した。出家後の源信は、弱年ではあったが、その学才の評判はきわめて高かった、という。

鴨長明の『発心集』に、源信が空也《くうや》上人に会って教えを請うたという話が載せられている。源信は、空也に問う。「極楽を願ふ心深く侍り。往生は遂げ侍りなむや」、と。空也は、その返答のなかで、「知恵・行徳なくとも、穢土《えど》をいとひ、浄土を願ふ志《こころざし》深くは、などか往生を遂げざらん」といった。源信は、これを聞いて、感涙にむせび、空也を合掌して礼拝したという。

のちに、『往生要集』を書くときに、「厭離穢土《おんりえど》・欣求浄土《ごんぐじょうど》」をそのはじめに記したのも、この空也の教えによると、鴨長明は記している（『新潮古典集成　方丈記　発心集』、二九五―二九六頁）。

当時、空也はすでに「市聖《いちのひじり》」、「阿弥陀聖」とよばれていた。「聖《ひじり》」は、国家権力によって造られ、維持されている仏教教団に属するよりも、自己の求道心を優先させて、隠遁、漂泊のなかで、自ら修行に励み、また、人々に仏教を勧める、一群の出家者たちのことである。

良源は、比叡山における学問の振興に力を注ぎ、源信もそのなかで仏教学の知見を広め、学僧としての名声もあがっていった。源信が僧侶としての階位を順調に上ってゆくかに見えたとき、ある出来事が生じた。それは、母からの忠告である。その様子は、『今昔物語』に詳しい。

それによると、あるとき、朝廷の行事に召し出されて、布施の品をもらい、うれしさのあまり、母に送ったところ、母からつぎのような手紙が届いた。「あなたは立派な学者におなりになったらしいが、それはあなたの本意なのか。あなたは、わたしにとってはただ一人の男の子である。その子を元服もさせずに、出家させたのは、名僧となることを望んでのことではない。多武峰《とうのみね》の聖《ひじり》のように、名利《みょうり》を否定して、ひたすら仏道を歩む僧になり、私の後世《ごせ》をも救ってもらいたい、と願ってのことだ。私が生きているうちに、あなたがそのような聖になっているのを見届けて死にたいのだ」、と。

この手紙を読んで、源信は涙を流して、「よくぞいってくれた。これからは、教えのとおりに聖をめざします」と誓った。その後六年間、山に籠り修行に励んだが、あるとき、母のことが気になり、母のもとを訪ねたところ、おりしも臨終であった。母は、念仏する力もなく、源信が助けて一緒に念仏するなかで、亡くなっていった。『今昔物語』は、「母は子のため、子は母のために、たがいに善知識《ぜんちしき》となった」と結んでいる（『今昔物語集』「本朝部上」、岩波文庫、二九〇頁）。「善知識」は仏教の言葉で、教えに導いてくれる友人や指導者をいう。『往生要集』の執筆が完成したのは、九八五年春であった。ほぼ半年で脱稿している。この間、師匠の良源が死亡している。この年にはまた、さきにふれた「二十五三昧会」が発足している。

源信は、晩年、生前に修めた行を記録して仏前に奉呈したというが、それによると、念仏は二十倶胝遍《ぐてい》（「倶胝」は梵語で、数の単位。十の七乗、あるいは一千万という）、読んだ大乗経典は五万五千五百巻、『法華経』八千巻、『阿弥陀経』一万巻、『般若経』三千余巻。「大呪《だいしゅ》」（文言の長い秘密の言葉）百万反、「尊勝呪《そんしょう》」三十万反等、となっている。この奉呈の四年後、源信は、一〇一七年に七六歳で亡くなった（『日本の名著4　源信』）。

ちなみに、『往生要集』は、中国（当時は宋朝）に贈られて現地でも評判になったという。その事情が、のちに書き加えられて伝わり『往生要集』の巻末に付録となっている。

＊

人生の真実の意味を見いだすためには、それなりの工夫が必要であろう。くり返すが、源信の場合、それが「地獄」と「極楽」の対比（原文でいえば、「厭離穢土」「欣求浄土」）である。この世を「穢土」（欲望で穢《けが》された世界）とみなし、ひたすら「浄土」（阿弥陀仏の国）を希《こいねが》う。このような思考の図式を採用することによって、人生の真実の意味を見いだそうと試みたのである。

現代の私たちは、源信がつくりだした強固な思想的枠組みに匹敵する枠組みを、はたして用意しているのであろうか。本書を世に送る所以である。

＊

なお本書では、『往生要集』の原文を引用する際に、現代語訳と原文のままの場合が混在している。現代語訳も、忠実な訳ではない。あくまでも、原文の意味を把握するところに狙いがある。現代語訳については、すでに、優れた業績もあるから、それらを見ていただきたい。

源信は、『往生要集』のなかでおびただしい数の経典や論書などを引用している。その引用に比べると、自身の文章は大変少ない。つまり、引用の配列そのものによって、自身の考えを組み立てているのであり、この点は、自分の文章を全面的に著す現代の書物とは大きく異なる。

また、本書で使用する『往生要集』のテキストは、石田瑞麿校注『日本思想大系6　源信』（一九七〇年、岩波書店刊）である。引用の際は（岩波、頁数）と表記する。

序章
現代と『往生要集』

1　小説『悲の器』

『悲の器』の由来

『悲の器』という小説がある。作者は高橋和巳。一九六二年に文学新人賞「文藝賞」を受けた作品。作者のデビュー作といわれている。

私がこの小説をここでとりあげるのは、小説の冒頭に『往生要集』からの一文を引用し、『悲の器』という小説の題名の由来を記しているからである。

その一文は、およそつぎのとおり。地獄に落ちてきた罪人が地獄の獄卒たちによって加えられる苦しみに耐えかねて、自分たちにも慈悲を加えてもよいのではないのか、と訴える。それに対して地獄の王は、お前たちは自らの貪欲に縛られて悪業《あくごう》をつくり、その悪業の報いを受けているだけなのだ、と突き放す。

このなかで罪人が自分たちを慈悲の対象とせよ、と言い張る箇所が、原文では「悲の器」となっており、それが小説の題名になっている。高橋が引用した『往生要集』の文を記しておこう。

罪人偈《げ》を説き閻魔《えんま》王を恨みて云えらく、何とて悲の心ましまさずや、我は悲の器なり、我に於いて何ぞ御慈悲ましまさずやと。閻魔王答えて曰く、おのれと愛の羂《あみ》に誑《たぶら》かされ、悪業を作りて、いま悪業の報《むく》いを受くるなり。

右の一文は、現在流布しているテキストとはいささか異なっている。「閻魔王」は「閻羅《えんら》人《にん》」（閻魔王の配下の獄卒のこと）、「悲の器」は「悲心の器」、「おのれと愛の羂に誑かされ」は、「己、愛羂《あいけん》に誑《たばか》られて」（「愛羂」の「愛」は貪欲、「羂」は罠、網）、「悪業を作りて」は「悪・不善の業を作り」となっている。

そして、現在のテキストでは、このあとにすぐ続いて、「何が故ぞ我を瞋《いか》り恨むる」とある。「我」は閻魔王のこと。これで文が終わるが、高橋の引用文には、この一文がない。「悲心の器」（高橋の引用文では「悲の器」）の「悲心」とは仏の慈悲心のことであり、「器」は、容れ物の意味であるから、仏の慈悲を受ける対象ということになろう。地獄に堕ちてきた罪人といえども、仏の慈悲の対象者たちなのだから、地獄の獄卒も、もう少し優しく扱え、とでも主張しているのであろう。それに対して、獄卒たちは、罪人たちに対して、今受けている苦しみはお前たちの作った悪業の報いだ、と応じ、さらに、別のテキストでは、自分たちの因果応報を棚に上げて、閻魔王や獄卒たちに怒りや恨みを向けるのは見当違いも甚だしい、と突き放している。

のちにあらためてふれるが、『往生要集』では、自分が受ける苦しみは、それがなんであれ、自分が招いた苦しみであること、つまりは自業自得であることをくり返し強調している。

小説では、登場人物のいずれもが自らを「悲の器」であることを主張しているのだが、作者・高橋の筆は、小説の登場人物たち、とりわけ主人公の正木《まさき》典膳《てんぜん》が招く悲惨を、因果応報として余すところなく明かしてゆく。その意味では、この小説は文字通り、『往生要集』の右の一文を忠実に映しているといえる。言葉をかえれば、『往生要集』という古典は、一〇〇〇年以上もの時を経て今もなお、深い意味をもって私たちにせまる、文字通り生きた古典なのである。

小説の内容

小説の大筋はつぎのとおり。妻を早く喉頭癌で失った最高学府の法学部教授正木典膳は、ひさしく家政婦と二人、不自由な暮らしをしていたが、友人の最高裁判事の媒酌で某大学名誉教授の令嬢と再婚することになる。しかし、家政婦の米山みきは、正木典膳と内縁関係にあったことを理由に、地方裁判所に損害賠償を請求した。米山は妊娠中絶を余儀なくされてもいた。これに対して、正木は名誉棄損罪だとして彼女を地方検察庁に告訴する。

正木がなぜ米山を名誉棄損で告訴したのか。そこに正木という人間の本質がよくあらわれている。つまり、正木は、米山に対する愛情や配慮よりも、おのれの思想に忠実であることを優先しているのだ。

正木がいう思想とは、刑法であり、法である。彼は「刑法の専門家」として、法に定められた手続きを経た妊娠中絶が犯罪でない以上、加えて、家政婦・米山みきに対する扱いに、賃金そのほかなんの遺漏もない以上、彼女から訴えられるべき筋合いはない。にもかかわらず訴えられた以上、そして、米山の訴えに発した新聞記事等による私生活の暴露によって名誉を棄損された以上は、彼女を告発しなければならない、と考え、実行した。

こうした姿勢は、正木典膳が学園紛争のなかで、女子学生に「卑劣漢！」となじられたただけであるのに、それを許すことができず、彼女を公然侮辱罪で訴えようとするところにもあらわれている。彼は、法律学者として、かねての信念を吐露する。「人情論はどうあれ、告発すべきものを訴えないのは、あきらかにひとつの怠慢である。権利は、つねに権利を発動することによってまもられる」。

「人情論はどうあれ」とあるように、彼にとっては「秩序の維持」が「根源的な人間の価値」なのであり、「愛の観念は、罪のそれと同様、避けて通ることができれば避けたほうが賢明な余分の感情にすぎなかった」と考えられている。

であればこそ、正木は裁判所で、「堕胎は胎児に対する傷害ではなく、母体に対する傷害なのだ」という米山の訴えに対しても、なぜそれを堕胎の前にいわなかったのか、「あなたのしたことは、ただ涙をこぼしてうなずくことだけだった」と詰問する。それに対して米山は、正木が金銭ではなく、「どんな財物よりも女には有難い思いやり」をかけてくれると思って耐え忍んだと答える。そしてさらに、正木が「合意」というが、実質的には「命令」であったと訴え、「男なら女に当然かけてやる思いやりをおかけにはなりませんでした」、となじるのである。

正木は、もともと「目上の者を鍛錬台にえらんで、それをのり越えることばかり考えていた」人間であり、「一つの思想を仕上げた人間は、その思想によってみずから裏切らぬうちに死んだときにのみ美しい」と考える人間なのである。だからこそ、妹からも「法と知識の名において神になろうとなすっていた……あなたが真に欲していたのは幸福ではなかった」と糾弾される。

もっとも、この裁判を契機に出世街道を転げ落ち、その社会的地位を追われるわが身について正木は、いささか神妙な自覚にも到達する。「何物かによって定められた必然の坂をころげながら、ふと偶然のように、その必然性を意識する、あの悲しい人間のさがを、私は悟らされた」、と。そして作者は、その「悟り」を「諦《あきら》め」ともよんでいる。

しかし、その諦観はほとんどニヒリズムであり、のちに『往生要集』が説き明かそうとする「欣求《ごんぐ》浄土《じょうど》」という希望とは程遠い。

小説の終わりに、正木は、妄想のなかで米山みきが自殺するであろうと決める。なぜなら、彼女は夫を失い、二人の子供も発疹チフスで死なせ、正木との関係のなかで身ごもったがそれも堕胎させられ、正木からは捨てられ、生涯に何も生み出さなかったからである。そういう人間は「淘汰されて死ぬ」のであり、淘汰されて死ぬものの行く末は、かって淘汰されてほろんだ爬虫類や深海魚などが充満している天国なのだ。だが、と正木典膳は叫ぶ。
「（わたしはそんな天国へはゆかない）私は死んでも、私には闘いの修羅場が待っているだろう。私を踏みつけにせんとする悪魔どもがつぎつぎとあらわれ、現われつづける。我が待望の地獄が。私は慈愛よりも酷烈を、奴隷の同情よりも猛獣の孤独を欲する。私は権力である。私は権力でありたい。天国の天使たち、天国に憧れる人間どもの上に跳梁《ちょうりょう》し、人間どもの善行や悪行、人間どもの生や死、人間どもの幸福や不幸、それら一切の矮小なものときっぱりと絶縁し、平然と毒盃をあおりながら哄笑したい」、と。

強い自我意識の末路

努力をすれば欲しいものは手に入る、もし手に入らなければ、おのれの努力が足りないのだ、と思っている人は少なくないだろう。もちろん、実際は、おのれの努力に限界のあることに気づいていても、それでも、やはりそれを率直に認めるのはむつかしい。それほどに、私たちの自我意識、自己執着の根は深い。「今だけ、金だけ、自分だけ」という流行語も、「自分だけ」があってはじめて意味をもつ。

正木典膳ほど極端で、強烈でなくとも、自分の努力が実を結ばないのは、おのれの非力のせいではなく、私のゆく道を阻むなにものかのせいだ、と思う人は少なくないだろう。文字通り、「自是他非」は、私たちの日常的思考を支配している。そこに限りのない怨嗟が生まれ、ニヒリズムが生まれる。その怨嗟、絶望からいかに脱却できるのか。

『悲の器』では、正木典膳と、ある意味では対照的な人物として、カトリック神父である末弟・正木規典が登場している。その弟が兄につぶやく。「人の一生は一つだけではありますまい。回心によって、恩寵によって、また違った生を生きることもできます」、と。

兄・典膳は弟が神学校へ進学するにあたって、父親が反対するなかで、彼を擁護していた。というのも、典膳によれば、「神学」をおさめることは、一つの「観念」（おそらくこの場合救済ということだろうが）の「持続」であり、「観念」は、「執拗な持続」によってのみ「真実」となる、と考えていたからである。だが、その執拗な観念の持続の結果、弟は教会で地位を占めるにしたがって、聖書による「観念」の固定化に陥り、なによりもその固定化への自己満足を生ぜしめた。このような弟の説教に典膳は腹を立てて、殴りつけてしまう。そして、いう。「殴りのこした右の頬をつきだして謝罪に来るのでないかぎり、今後、正木家に出入りすることはいっさい断る」、と。

「悔いる」ことの難しさ

高橋和巳が引用した『往生要集』の一文には、続きがある。

汝、本《もと》悪業を作りて　欲痴の為に誑《たばか》らる　かの時なんぞ悔いざる　今悔ゆとも何の及ぶ所ぞ　と。（岩波、一八頁）

「本」とは、もののはじめ。この場合は存在のはじまり。「欲痴」の「欲」は貪欲、むさぼり。「痴」は愚痴、道理に暗い愚かさ。

その大意はつぎのとおり。汝は生まれるもとから、悪い行為を重ねて、その結果、貪欲や愚かさにだまされてきたのだ。そのとき、どうして悔いなかったのか。今悔いてもなんの役にも立たないのだ。

ここで強調されていることは、「悔いる」という行為の意味であろう。「悔いる」ということは、己の歩んできた道を振り返ることからはじまる。だが、人間にはわが行為を振り返るとか、内省することは苦手なのであり、要するに、「悔いる」ということが一番むつかしい。仮に「悔いる」ことがあるとしても、ほとんどの場合は、手遅れなのである。

そうしたこともあってか、『悲の器』は、逆説的に述べている。「誤ったな、と思えばひきかえすべきではない。誤謬《ごびゅう》の環をできるだけ早く閉じて他の道を探すべきなのだ。ひきかえす道程は、立ちどまってする休息よりなおいっそう無駄である。懐疑、不安、自己喪失、そして迷路での自暴自棄は常にひきかえす過程におこる」、と。「ひきかえす」とは、おのれを振り返ることであり、おのれの心のありように思いをいたすことである。正木はそうした内省を拒否する。当然、因果応報は見えてこない。いうところの「他の道」が見いだされない以上、絶望、居直りが待っているだけであろう。

「厭離穢土」と「欣求浄土」

私は、『悲の器』を読み終わって、作者によって引用されなかった、右の『往生要集』の一文が、この小説の内容のすべてを述べていたのだ、とつくづく実感する。この『往生要集』の一文を具体的に表明するために、この小説は書かれているといえるのではないか。

さきばしっていえば、『悲の器』という作品は、『往生要集』に照らすと、「厭離穢土《おんりえど》」のみが描かれていて、そこには、「欣求浄土」の中身はもとより、その志向すら否定されている、といえるのではないか。

ここで、注めいたことをいえば、「厭離穢土」とは、現世は欲望（「煩悩」）に満ちていて、人の心も行動も矛盾だらけで、本質的には苦しみを生み出すしかない世界のことである。そのような現世に失望することなく、十分に納得して生きるためには、一度、欲望的世界を厭《いと》い離れることが必要となる。それが「厭離穢土」という意味である。

だが、厭い離れるといっても、道筋がないと離れるということも成立しない。その道筋が「欣求浄土」なのである。「欣求」は、心底から求めること、はげしく願うこと。「浄土」は、阿弥陀仏の国のことで「極楽」ともいう。阿弥陀仏は、仏教経典という「大きな物語」に登場する。「浄土」の「浄」は、欲望に穢《けが》されていないということ。したがって、「浄土」は、現世には存在しない。ありもしない「浄土」を願うのは、愚かしいと思うのは、現代人の傲慢さによる。人は、ありもしないことを願い、そこに意味を見いだすことによって生きる存在なのである。問題は、ありもしない「浄土」を構想せざるをえない人間の心のあり方にあるのであろう。

もとへもどろう。『悲の器』と『往生要集』を並べてみると、つぎのようにもいえよう。現代の作家がようやく描いた現代人の運命が、千年前にすでに描かれていて、しかも、現代の作家が踏み込めなかった、その運命を転ずる世界までもが描かれている、と。

その運命の転換を源信は、「厭離穢土」から「欣求浄土」へ、と表現しているのである。源信がこのような転換を構想できたのは、源信の人間認識の深さによる。その深さは、人間存在を見る軸のひろがりから生まれているのであろう。

それに比べると、私たちは、私たちが生きている世界を「穢土」といいきれるのか。あるいは、その「穢土」を「厭離」できるのであろうか。そして、その「厭離」の極みから「浄土」を「欣求」することができるのであろうか。いや、このような「厭離」から「欣求」へという転換に対して、私たちはどれだけの共感力を保持しているのであろうか。

『往生要集』を鏡として見たとき、『悲の器』にかぎらず、そこに映る私たちの精神の風景に対して、私たちはどこまで真摯に向き合うことができるのであろうか。『往生要集』は、手ごわい古典なのである。

2 「頑魯」——源信の自己認識

源信の執筆動機

『往生要集』から現代的意義をくみとるためには、『往生要集』を貫いている時間軸と空間軸への共感が必要だと述べておいたが、それに加えて、『往生要集』の執筆動機として記されている、「頑魯《がんろ》」という源信の自己認識もまた不可欠の要素といえよう。では、「頑魯」とはどのような精神をいうのであろうか。この言葉が用いられている「序文」を見てみよう。

それ往生極楽の教行《きょうぎょう》は、濁世末代《じょくせまつだい》の目足《もくそく》なり。道俗貴賤、誰《たれ》か帰《き》せざる者あらん。ただし顕密《けんみつ》の教法《きょうぼう》は、その文《もん》、一《いっ》にあらず。事理《じり》の業因《ごういん》、その行《ぎょう》これ多し。利智精進《りちしょうじん》の人は、いまだ難《かた》しと為《な》さざらんも、予《よ》が如き頑魯《がんろ》の者、あに敢《あえ》てせんや。この故に、念仏の一門に依りて、いささか経論の要文《ようもん》を集む。これを披《ひら》いてこれを修むるに、覚《さと》り易《やす》く行《おこな》ひ易からん。惣《す》べて十門あり。（岩波、一〇頁）

「往生」の「往」はゆく、「生」は極楽、浄土に生まれること。「極楽」は阿弥陀仏の国。「濁世《じょくせ》末代」の「濁世」も「末代」も「末世」、「末法」のこと。仏教が衰えた時代。日本では一〇五二年に「末法」に入ったと信じられていた。源信は一〇一七年に七六歳で没している。

「目足」は「目」と「足」。目印、目標。「道俗貴賤」の「道」は出家者、「俗」は俗人、普通に生活を営む人々、「貴」は当時でいえば藤原氏などの貴族。「賤」は身分社会において差別されていた人々。貴族の対極にある人々。

「顕密」は当時の仏教の二大区分。経典の上に教えが明確に説かれている立場が「顕」教で、「密」は経典の表面上の教えではなく、仏教の真理そのものに直接参入しようとする立場。真言宗がその代表。比叡山の天台宗も、一部密教化する。

「事理の業因」の「事」は具体的、現象をいう。「理」は抽象的、本質をいう。「業因」は結果の原因となる行為で、ここでは、経典に具体的に説かれている仏のすがたや浄土の様子を瞑想することによって、浄土に生まれようとする行為が「事」の「業因」であり、仏教の説く普遍的真理に直参する修行によって、浄土に往生しようとするのが「理の業因」ということになろう。

「利智精進の人」の「利」はするどいこと、「智」は頭のはたらき、「精進」は善を行い、悪を断つ努力を持続する精神。

さて、「頑魯」だが、「頑」は、もとは心が乱れて、ものの区別が分からないという意味の文字から生まれていて、一般には、かたくなさを意味する、といわれている。しかし、私の見るところ、「頑」の本質は、自己の判断に執着することを意味しており、自分では自分を賢いとかたくなに思い込んでいるのが普通である。「魯」の「魚」は、生き物のなかでも、もっとも鈍いものの代表とされていたという。その下の「日」は、ものをいう、という意味だから、「魯」は鈍いものがものをいう、ということであり、愚かということになる。だが、当人が自分の愚かさを自覚することは、ほとんどない。つまり、自己の判断に執着するがゆえに、愚かさを自覚できないという状態が「頑魯」にほかならない。

右の説明で、ほぼ意味は通じたと思うが、現代語で大意をあらためて紹介しておこう。

これから述べようとする、極楽浄土に生まれるための教えと行《ぎょう》は、仏教が衰えた時代では、大切な目安となる。出家と在家の区別、身分の違いを超えて、人はこの教えにしたがうであろう。ただ、今の仏教の教えは、多岐にわたり、浄土に往生する原因となる行《ぎょう》についても多様である。それらは、聡明で努力を惜しまない人には、とくに難しいということはないであろうが、私のような愚かなものには、とても実行はできない。だから、ここに念仏という一分野に限定して、経典や論書のなかから大事だと思われる文章を抜き出して集めてみた。これを読むならば、理解も進み、行の実践も容易となるのではないか。集めた文章は十部門に分けた。

この序文を読むと、源信が『往生要集』を著したのは、自身が「頑魯」であって、従来の仏教の教える行の実践ができない、という痛切な思いからである。それでも、源信は仏教が教える最高の智慧を手にしたいという願望は抑えがたく、ついに、それまでの仏教界では十分に注目されてこなかった「浄土往生」という道を見いだすにいたったのである。

「頑魯」の真意

源信をして『往生要集』を書かしめた根本の動機は、序文の言葉でいえば、「予が如き頑魯の者」にふさわしい仏道を明らかにしたい、ということにあった。その際、「頑魯」という認識がキーワードになる。それは、あくまでも彼個人の認識であり、彼をめぐる客観的な評価とは別ものであるのはいうまでもない。

源信が出家したのは九歳であったが、早くからその学才は高く評価されており、また長じては、教団の重要な法要を担う役目も果たし、教団の内外での評価はきわめて高かったのである。六三歳の時には、権少僧都にも任ぜられている（もっとも、翌年にはその位を返上しているが）。

このように、教団内外での評価が高い人物であったにもかかわらず、源信は自身を「頑魯」とみなしていたのである。それは、なにを意味しているのであろうか。

くり返せば、「頑魯」とは、頭が悪い、愚かだ、という意味であるが、なにに対して頭がはたらかないのか、あるいはなにに比べたとき愚かなのか、を明らかにする必要がある。一般的にいえば、それは仏教の教えに対して理解が進まないとか、その教え通りに行の実践ができない、ということなのであろう。だが、源信ほどの才能がある人の場合には、そうした解釈では終わらないであろう。

つまり、源信がいう「頑魯」という自己認識は、仏教がいう「無明《むみょう》」を脱しきれないという、求道者としての恥ずかしさを意味しているのではないか。「無明」とは、あらゆることがらを成立せしめている「因・縁・果」に対する無知であり、真理をゆがめて理解する自己中心の判断への執着などを指すのであろう。そこから、諸々の煩悩が生じてくるのである。真理を求めながら、真理から遠いということだけが分かってくる、その苦しさ、辛さが「頑魯」という言葉を選び出したのではないか。

さらにいえば、『往生要集』のなかに『法華経』から、「増上慢《ぞうじょうまん》の人は、二百億劫《こう》(「劫」は神話的時間の単位)、常に法を聞かず」、という一文が引用されている(岩波、三〇八頁)。源信が仏道を歩む上で、もっとも警戒し、嫌った言葉の一つに「増上慢」があったということなのである。

「増上慢」とは、悟ってもいないのに、悟ったといいふらす輩のことであろう。「増上慢」は、いわば「頑魯」の対極にある精神なのである。「増上慢」の人々は、ついに真実の教えを聞くことができずに、普通の人間には想像もできない「二百億劫」というとてつもない時間、真理から疎外されるというのである。おのれを愚かだという自覚があればこそ、真実でありたいという願いが持続され、そのための智慧が求められ、求道が成立するのである。「増上慢」には、もはや求道は存在しない。自己の誇示があるだけなのであろう。

ちなみに、源信没後一一五年余に生を受ける法然房源空は、自らを「十悪の法然房」、「愚痴の法然房」(『聖光上人伝説の詞』)と称したといい、その弟子、親鸞もまた「愚禿《ぐとく》」(『教行信証』序)と名乗った。おのれの知力、能力を優秀なものとして他者に誇る精神は、およそ宗教的求道とは遠いのであろう。真理を聞くという機会が得られないのだから。そうした機会は、日ごろから、おのれに欠けるものがあるという自覚があってはじめて得られるのである。

それにしても、時代は下るが、今日、普通の暮らしをしている人間には、自らを「頑魯」といわないまでも、愚かとみなす作業はきわめて難しいのではないか。とりわけ、近代以降、自己の確立が生き方の基本・理想とされ、その過程において、なにごとにつけても自己を正しいとして主張する、といった風潮が一般的になってきた。そうした教育を久しく受けてきた人間にとって、自らを「頑魯」や「愚痴」はもとより、愚かだと認識することは、もはや社会からの脱落者、敗北者を意味しているといわざるをえないであろう。『悲の器』の主人公を見れば、それは歴然とする。

しかし、現実のさまざまな矛盾をのり越えるためには、自己を絶対視する立場だけでは足りない。いや、それでは、新しい生き方の地平は開かれない。それは、千年前も現代も変わらないのではないか。いつの時代も、自己内省という姿勢からのみ新しい価値が生まれてくるのであろう。

そういう意味で、『往生要集』を読むということは、自己のあり方が問われるということを内にふくんでいるのである。

源信による工夫、極論

『往生要集』においては、絶望や不安から脱出するために、現実世界を「穢土」とみなす。「穢」とは、人間の欲望によって穢されているという意味である。どうして、人間の欲望が穢れの原因となるのか。それは、欲望への執着が、嫉妬や貪り、争い、底なしの愚かさを生むからである。問題はあくまでも自己への執着にある。

『往生要集』では「不浄」とも表記される。仏の智慧が執着や煩悩を克服しているがゆえに清浄だといわれることに対応して、「不浄」とよばれるのである。

源信は、現実の一切を「穢土」とみなす。それは一種の極論といえるであろう。しかし、源信は、こうした極論を行使してはじめて、現実がもつ、のっぴきならない問題が解決されると考えていた。『往生要集』の刊行後に著されたという「横川《よかわ》の法語《ほうご》」にも、その手法が用いられている。それは人間を「妄念」のかたまり、とみることによって、人間の悲惨から脱出しようという試みである。その詳細は、すでに別の個所で論じているから要点だけをくり返すにとどめる（拙著『日本精神史』）。

源信はいう。「妄念《もうねん》はもとより凡夫《ぼんぶ》の地体《じたい》なり。妄念の外に別の心もなきなり。臨終のときまでは、一向に妄念の凡夫にてあるべきとこころえて云々」、と。

「妄念」の「妄」は迷妄のことであり、「念」は執念をいう。自分の考えが正しいかどうかを十分に吟味もせずに、それに執着して他者に主張、強要するという行為をいうのであろう。しかも、迷妄への執着はくり返される。まことに、愚かというしかない。

「地体」とは、本質のことである。「凡夫」の本質は「妄念」にある、というのだ。「凡夫」は、一言でいえば、自己への執着心を断つことができないありようをいうのであろう。欲望に弱いという状態は、その結果である。関西弁特有のニュアンスでいえば、「アホ」ということになる。

要するに、人は「妄念」のかたまりだというのである。それは、常識からみれば、極論に映るであろう。なぜなら、日々の暮らしは穏やかなものであり、互いに相手のことも慮っていて、自己へのこだわりをいつも前面に出しているわけではないからだ。

「大きな物語」

では、源信は人間の本質が「妄念」に尽きると断言することによって、なにを明らかにしようとするのか。それは、「常識」を否定することによって、常識を超えた「大きな物語」への関心が生まれることを期待しているのである。

「大きな物語」とは、いわゆる宗教をさす。私は、近代化のなかで宗教の価値が下落して、今日では宗教に関心があるといえば、揶揄に近い目で見られるという状況を改めるために、宗教という言葉を用いることをあえてやめている。そして、かわりに「大きな物語」とよんでいる。「大きな」ということは「小さな」に対応しているが、「小さな」ということは常識、ないしは常識が受け入れることができる物語、納得の筋道という意味である。昔も今も、日々の暮らしは「小さな物語」の組み合わせで成り立っていて、「大きな物語」への関心は生まれにくい。

だが、源信の場合、極論を突きつけることによって、「小さな物語」の限界を教え、さらに「大きな物語」への関心を呼び覚まそうとするのである。彼にとっての「大きな物語」は、「阿弥陀仏の物語」にほかならない。「妄念」のかたまりである人間という視点に納得ができれば、阿弥陀仏の慈悲という「大きな物語」が受け入れやすくなる。

源信がこの世は「穢土」だと極論を述べるのは、それによって、この世の矛盾を納得し、それを克服したい、という願いが生まれることを期待しているからなのである。そのために、『往生要集』では、地獄のあり様から叙述がはじまる。

「六道輪廻」

さきに紹介した「横川の法語」は、源信が『往生要集』を通じて一番いいたかったことが短い言葉で端的に述べられている法語である。その冒頭は、つぎの文章ではじまる。

夫《それ》一切の衆生三悪道《さんあくどう》をのがれて、人間に生る事、大なるよろこびなり。

人間はどこから生まれてきて、どこへ死んでゆくのか。またその間の人生の目的はどこにあるのか。その答えは、永遠に分からない。それだけに、こうした問いをめぐって、納得できる意味づけが人類史上さまざまに工夫されてきた。その中の、有力な意味づけが「六道輪廻」である。それは、古代インド人が編み出した「物語」であるが、インドはもとより、東アジアから東南アジアにかけて、ひろく浸透した。

「六道輪廻」とは、古代インド人が考えた、「地獄、餓鬼、畜生、阿修羅、人、天」という六つの生存形態を渡り歩くことをいう。人は生涯に行った善悪の結果によって、六つの生存形態のいずれかに生まれかわり、その先の行為の結果によって、また、六つの生存形態のいずれかに生まれる。こうした「転生」をいつまでも続けるのが、人間(生き物)の宿命なのである。一昔前の人はそれを「生死《しょうじ》」を重ねる、といった。「生」も「死」も一度かぎりではなく、六つの生存形式を経めぐるなかで、数え切れないほどの「生」と「死」をくり返すのである。「人間」に生まれるのは、その無数の「生死」のなかの一つとしてなのである。

たしかに、「六道輪廻」の「物語」は、「地獄」一つをとっても、あまりに「非科学的」だという批判をあびて、現代ではすっかり支持者が少なくなっている。かわって、現代人の多くが口にするのは、「死ねば「無」になる」という「物語」だが、実証できないという点では依然として「非科学的」であることにはかわりない。むしろ、これから述べるように、「六道輪廻」の「物語」の方が、宗教的決断への踏み切り板となる可能性が高いといわねばならないだろう。

なぜならば、「六道輪廻」の物語は、一見荒唐無稽のように思われるが、このような「物語」を生みだした背景には、人間の根本的制約、不条理や不安が生み出す「苦」の問題があるからだ。つまり、「六道輪廻」は、人間の無知、愚かさ、欲望が果てしない「苦」の連鎖を招き続けるところに生まれてきた、象徴的な「物語」なのである。そしてその「苦」の問題は、現代もなお、依然として解決はしていない。

真実を求める

「人間」であることも、これから見てゆくように、根本は「四苦八苦」という「苦」にあるといえる。もちろん、辛いこともあるが、楽しいこともあり、幸福な人生を終える人もいる。しかし、人間の幸福は、いつも不幸と背を合わせている。その幸福は、永続しない。また、それをかき乱す愚かな行為がたちまちあらわれる。絶対の楽しみ、絶対の幸福は、人間には約束されていない。

ゴータマ・シッダールタがなにひとつ不自由のない、王宮の生活を捨てて出家者になったのも、人間を根本から規定している苦しみを克服しようとするためであった。つまり、「苦」から解放された、本当に自在な存在として生きる道を見いだすのがシッダールタの目的であったのである。

仏教が教えるのは、「苦」に満ちた人間の生を転換することだが、それは、「六道輪廻」から脱出する道でもある。人間の生は、「苦」に満ちているが、人間である間にしかできないことがある。それが、「六道輪廻」から脱出する方法を発見することにほかならない。その可能性があるがゆえに、いやそのことを実現するためにこそ「人界」があると、『往生要集』は強調している。さきばしるが、その一文を紹介しておこう。

人身《にんじん》を得ること甚だ難《かた》し。(中略)当《まさ》に知るべし、苦海《くかい》を離れて浄土に往生すべきは、ただ今生《ごんじょう》のみにあることを。(中略)願はくはもろもろの行者、疾《と》く厭離の心を生じて、速かに出要《しゅつよう》の路に随《したが》へ。宝の山に入りて手を空しくして帰ることなかれ。(岩波、四四頁)

同じことが「横川の法語」では、つぎのように述べられている。

人間に生る事、大なるよろこびなり。身はいやしくとも畜生におとらんや。家まずしくとも餓鬼には勝るべし（中略）人かずならぬ身のいやしき（人並でない身分の低さ）は、菩提（悟りという最高の智慧）をねがふしるべなり。このゆゑに人間に生まるる事をよろこぶべし。

つまり、人間には、現実がどうであれ、真実な存在でありたいという希求がそなわっている。だが、真実な存在がどのようなあり方なのかは、残念ながら分からない。しかし、今の自分のあり方が「真実」から遠い、と意識することはできる。その意識をバネとして、本当に頼りになる「よりどころ」（真実）を求めるのが人間ではないか。源信は、その求道こそが人間に生まれてきた理由なのだと教える。

「六道輪廻」という、一見受け容れがたいような仮説を提示することによって、人間であることの目標を明確にすること、それが源信の『往生要集』執筆の狙いなのである。

では、源信が描く「六道輪廻」の世界を具体的に見てゆこう。

第一章

「六道輪廻」とはなにか（「大文第一」）

1　時間軸・空間軸の拡大と深化

なにが長大な時間軸を要請するのか

人の一生を生まれてから死ぬまでの、たかだか百年ほどに限定するのは新しい風潮であろう。少し前までは、人には生前の世界があり、死ねば、また別の世界を生きるという感覚が普通であった。そういう考え方は、非科学的で迷信にすぎない、と批判する人があっても、逆にそうした分かったようなことをいう人に対して、しらけるという雰囲気が強かったように思われる。もちろん、生前の世界といい、死後の世界といっても、きわめて漠然としていて、あらたまって問い詰められると窮したのではあるが。

私が、人の一生を生まれてから死ぬまでに限定する考え方に与しないのは、それでは、人間が抱えている不条理や不安に答えが見出しがたいからである。つまり、私たちの抱える不条理は、普通の考え方では答えが見いだせないのである。たとえば、私はなんのために生まれてきたのか、死ねばどうなるのか、といった素朴な疑問に、常識は答えることができない。しかし、もし、この人生を長大な時間軸のなかにおいてみると、現世での私の生き方や好み、志向が納得しやすくなるのではないか。それは、科学的に証明できる筋合いのものではないが、なぜか腑に落ちたり、納得ができて安心が生まれることが少なくないのである。

ラフカディオ・ハーンの場合

人生の不思議、不条理に納得するうえで、時間軸を長くとることが有益だと気づいていた作家のひとりに、ラフカディオ・ハーン（小泉八雲）がいる。

ラフカディオ・ハーンが来日したのは、一八九〇（明治二三）年のことであった。来日の目的は、雑誌社から日本に関する探訪の記事を書くように依頼されたことにあったらしいが、ハーン自身にも日本への強い関心があった。それは、日本の仏教を知りたい、ということに由来していた。

ハーンは、一八六九年（一九歳）に単身渡米して様々な仕事に就いたのち、地方新聞の記者になっていた。そして、当時としては珍しい仏教の研究に打ち込んでいた。その背景には、彼自身がキリスト教への関心を失っていたこと（育ての大叔母がカトリックを強要したことなどが原因といわれている）があり、さらに、当時ヨーロッパで、いわゆる原始仏教の紹介がサンスクリットやパーリーといった語学研究を伴って盛んとなっており、反キリスト教を標榜する知識人たちの間で人気を得ていた。その風潮に乗って、ハーンは、原始仏教に関する知識を深めていた。

そのハーンの代表作『心』のなかに、「因果応報の力」という一節がある。ハーンが取り上げる話は、修行中の美男の僧侶が美人の女性に迫られて窮した挙句、戒律を守るために鉄道自殺をした、という事件であった。ハーンは、この事件について、自殺してまで戒律を守ろうとした僧侶の行為は英雄的だと感じたのだが、友人の仏教学者に尋ねると、まるで違った意見がかえってきて驚く。

学者は、およそつぎのようにいった。彼は、女性の誘惑に勝てなかったら還俗したらよかったのだ、仏教では自殺はまったく解決にならないと教えている。加えていえば、彼は前世ですでになんども自殺をくり返していた、と考えられる。というのも、彼は前世で自己克己の道を見いだしていなかったからだ。だから、同じような誘惑にあえば、同じように自殺をくり返していたのだろう。今後も、彼は悟れるまで、今回の事件と同じように、自殺を続けるにちがいない、と。

ハーンは、ヨーロッパでは、人生の不思議を納得するのに、当人ではなく他者の関与があったと考えがちだが、日本では、当人の、前世のまたその前世の罪の因果応報を問題にするのだと分かった。彼は、やがて因果応報という、時間軸を無限に過去にさかのぼらせて得られる、不思議な納得の仕方に深い共感を示すことになる。

源信の「納得」

もとへもどって、『往生要集』では、人の一生を、無限の過去から無限の未来に伸びる時間軸のなかに置くことによって、人間の生み出す不条理、不思議がいかに納得できるようになるか、が論じられている。たとえば、つぎのような問題である。

源信は、教えを聞いてもそれを信じることができるものと、信じることができないものが生じるのはなぜなのか、という問いを立てて、以下のように答える（「大文《だいもん》第十」第八。岩波、三〇七頁以下）。

信じることができるものは、生まれる以前の過去世にすでに仏教に親しんできたものであり、信じられないものは、まだ過去の悪世から、今回はじめて人間世界に生まれてきたばかりで、「悪道」の影響が残っているからなのだ、と。

また、つぎのような問いも発している。それは、仏といえども、前世で菩薩の修行を完成していたにもかかわらず、八万年の間、仏教の真理を聞くことができなかったと述べられている。にもかかわらず、一方では、「下劣」で「薄徳」の人間がまれではあるが、容易に教えを聞くことができる、ともいわれる。この二つの話は、相互に矛盾していて道理にあわないではないか、どう考えればよいのか、と。

源信は、つぎのように答える。人間が善いことを行うか、悪いことを行うかについては、四つの段階がある。

第一は、悪だけを行う（「悪用偏《ひと》へに増す」）段階。この場合は教えを聞くことはない。

第二は、善いことだけを実践する（「善用偏へに増す」）段階。この場合は、つねに教えを聞くことができる。仏道修行の階位でいえば、聖者に到達した人たちである。

第三は、悪行をやめて善行に移ろうとしている段階。原文でいえば、「凡を捨てて聖に入らんとする時なり」。この場合は、たまたま教えを聞くことができれば、たちまち悟りを得ることができる。なかには、「魔」のために妨げられ、あるいは、自らの迷いのために、教えを聞くことが妨げられることもあるが、久しからずしてかならず悟りを得る。

第四は、善のはたらきも悪のはたらきも「容《ゆる》やか」な段階。要するに、善悪への関心が真剣でない状態、あるいは、世間的な善悪の動きに同調するだけで、自分の主体的な判断が軽んじられている段階、といいかえてもよいだろう。私たちの普通の暮らしをイメージすればよい。

この段階では、普通の暮らし自体が「生死流転」のなかにあるのだから、教えを聞くこと自体がむつかしい。だが、意図して悪に向かうというわけでもないから、教えを聞けないわけでもない。ただし、聞けても積極的意志がないのだから、大きな利益が得られるというわけにはゆかない。所詮は、「六道輪廻」のなかの話にとどまる。だから、仏道修行をしている人であっても、十分に教えを聞くことができない人もいれば、一方では、「凡愚」であっても教えを聞くことができる人もいるのだ。

面白いのは、この問題について、源信自身、解決策が見えていないと断ったうえで、のちの世に判断をゆだねたい、と記していることだ。

また、人の嫉妬心の根深さについて、経典からの引用を紹介する（「大文第五」第四「止悪修善」から）。

経典はいう。あるとき、釈尊が鹿野苑《ろくやおん》に滞在していたときであった。六十人の菩薩が悪業に苦しんで、釈尊の前に身体を投げ出して、涙を流して立ち上がることもできなかった。そこで釈尊は、「あなた方はクルソン仏の教えを受けていた時代に、二人の説法の上手な比丘がいて、名聞・利養に恵まれていたが、あなた方は、その二人に嫉妬心を抱き、彼らを誹謗して、多くの人々が二人に帰依する道を妨げ、彼らの善根を断ち切ってしまったことがある。そのために、六百万年（「六十百千歳」）の間、阿鼻《あび》地獄に堕ちていたが、その業が尽きずに、また四百万年間（「四十百千歳」）、等活《とうかつ》地獄にあり、また、二百万年間（「二十百千歳」）は黒縄《こくじょう》地獄にあり、さらに六百万年間（「六十百千歳」）、焦熱《しょうねつ》地獄に堕《お》ちていたのだ。そこから人間世界に生まれてきたのだが、五百年の間は、姿形は醜く、貧しくて「下劣」な暮らしを強いられていて、教えを聞くなど想像もできなかった。さらに、今生を終えたのちも、五百年間は、仏教を求める心も発《おこ》らないであろうし、善を行おうとしても邪魔が入る。しかし、その五百年ののちには、悪業が滅して阿弥陀仏の極楽に生まれることになろう。

これを聞いた六十人の菩薩たちは、今後は、出家在家を問わず菩薩たちが道を誤ることがあっても、その過ちをあげつらうことはしない、また自分自身の心を制御して戒律も守る、また自分のなした善を人に誇ることもしない、今までの罪はすべて懺悔《さんげ》する、と約束した。

かくして釈尊は彼らを褒めたたえて、「一切の業障《ごっしょう》、皆悉《ことごと》く銷滅《しょうめつ》し、無量の善根《ぜんこん》は、また当《まさ》に増長《ぞうじょう》すべし」、といった。（岩波、一七五―一七七頁）

右の話は、今の私たちからすれば、おとぎ話というか神話的というか、簡単に共感できる内容ではないだろう。だが、テーマは「嫉妬心」の克服なのである。その克服がいかに難しいかを神話的に説明しているとすれば、少しは、納得できるのではないか。

さらにいえば、右の引用では、六百万年とか四百万年という表現が出てきて戸惑うのだが、これを意識と無意識の世界へ転換すると、理解は容易になるのではないか。つまり、経典は、時間軸で説明するから今の私たちには途方もない話と映るが、時間軸ではなく、人間の意識の深さという、いわば心理軸へと移し替えて理解するとどうであろうか。

無意識の世界へ

「嫉妬心」の根は、私たちの日常的な意識のレベルをはるかに超えて、文字通り無意識の、しかもその奥深くに根をもっているといえよう。それは、日常的な意識の決意などで簡単に克服できる性質のものではない。そのことを教えるために、源信は、経典から神話的な時間軸を使った説明を多用している。と同時に、時間軸を心理軸に置き換えるという工夫もおこなっている。

時間軸を心理軸に置き替えるとは、仏教学でいえば、「唯識《ゆいしき》学派」の解釈を採用するということである。それによると、一切は、人間の意識と無意識のはたらきに還元される。つまり、「眼《げん》・耳《に》・鼻《び》・舌《ぜつ》・身《しん》・意《い》」の六識のほかに、「末那識《まなしき》」（自己中心の意識）や「阿頼耶《あらや》識《しき》」（万物、一切を生じる種を蔵している）という、いわば無意識や深層意識が加わった、人間の心それ自体が、一切の表象を生み出すという考え方である。そして、このような心のあり方を、瞑想という方法によって、智慧そのものに転換する。それが「悟り」だというのである。源信もまた、そうした修行を経験してきた一人であることはいうまでもない。源信が、観法という瞑想を重視しているのも、それが仏教の基本的な実践であったからなのである。

だからこそ、源信は「厭離穢土」を論じる「大文第一」の冒頭につぎのように記すのである。

大文第一に、厭離穢土とは、それ三界《さんがい》は安きことなし、最も厭離すべし。（岩波、一一頁）

厭離すべき「穢土」はまた、「三界」とも称されているのであり、その「三界」の本質はいわば不安の連続にある、というのである。

「三界」とは、辞書的な説明によれば、つぎのようになる。「三界」は、「欲界《よくかい》」、「色界《しきかい》」、「無色界《むしきかい》」の三つの世界のことをいうが、「欲界」は、性欲と食欲をもつものが生きる世界。

「色界」は、性欲と食欲から解放されたものが住む世界。「無色界」の「色」とは物質を意味するから、物質の束縛から解放された、いわば精神のみで生きているものが住む世界。

しかし、「三界」は、唯識的にいえば、空間的、時間的に存在するというよりは、人間の心のあり方の説明なのである。だから、「三界唯心《さんがいゆいしん》」ともいわれるのであり、その後の日本人のものの考え方に大きな影響を及ぼす。たとえば、『方丈記』の、「夫、三界は只《ただ》心ひとつなり。心若《もし》やすからずは、象馬・七珍もよしなく、宮殿・楼閣ものぞみなし」（『方丈記 徒然草』〈新日本古典文学大系39〉、岩波書店、二七頁。原文片仮名）は、その代表であろう。

そもそも仏教とは、一言でいえば、「転迷開悟《てんめいかいご》」の教えなのだが、唯識学派は、瞑想という実践を積み重ねて、「三界」という「迷い」の心を「悟り」の心へ「転換」しようとするのである。つまり、「三界」を心の風景としたうえで、その風景を「悟り」という智慧の世界に転換しようとする。

『往生要集』はいう。「三界」がいかに「迷い」に満ちた世界であって、そこでは、ほんとうに安らぎを得ることができない、だから厭離すべきなのである、と。その「三界」をいわば住みかとしているのが、「六道」に住むものたちなのである。つまり、「地獄、餓鬼、畜生、阿修羅、人、天」の六種のものが、この「三界」にすんでいる、とする。

このように、「六道」とは、空間的に存在すると考えるのも一つの方法だが、意識のほかに、無意識、さらにその奥深くに潜む深層意識の間をさまよう妄想のシンボル、とみることも可能なのである。要は、私たちの心の実相を知ることが目的にほかならない。

2 「大きな物語」への踏切板

常識の崩壊

源信が「六道」を説明するにあたって、「六道」の「天」でさえも、「自業自得」と「因果応報」の原則から自由なものはいない、と強調している。なぜ源信が、そのようなことを強調するのか。一つは、それによって、人は普通の暮らし方のなかには、救済はないということを教えるためであろう。その具体例は、このあと、個々に「六道」の内容を説明するなかでふれてみたい。二つは、だからこそ、人生の様々な局面が納得できるための「大きな物語」が必要だということを明らかにするためではないか。

そもそも、人は意味に生きているのではないか。生きている意味が確実に分かっているときには、人は平穏に生きることができる。だが、ひとたび、無意味に取りつかれたときには、激しい懊悩《おうのう》と不安、絶望に陥ってしまう。

かつて、私はこんな話を聞いたことがある。かわいい子供を、突然、交通事故で亡くした人がいた。そして、孫の突然の死を悲しんだ母もまた、その日のうちに死んでしまった。一度に小さな棺と大きな棺を送り出さねばならなくなった男性は、いったい、人生の意味はどこにあるのか、と激しい懊悩に襲われた、というのである。

こうした不幸に直面すると、日ごろの意味づけなど吹っ飛んでしまう。この不幸を、どのように納得すればよいのか。その男性は、長い遍歴ののち、浄土仏教に出遇って、このような不幸を含めて、人生そのもののあり方に、心底、納得がゆく意味が見いだせるようになった、と話してくれた。彼は、日常生活を支えている、いわば「小さな物語」から転じて、人間の不幸や苦しみ、悩みなどをふくめてその一切を意味づける、「大きな物語」を手にできたのである。

深い「意味」

ここでいう「大きな物語」とは、今までの日本語でいえば、「宗教」ということである。だが、さきにもふれておいたように、現代では「宗教」は、人々の共感を呼ぶことがむつかしい言葉になっている。そこで、私は以前から、「宗教」という言葉を使わずに「大きな物語」とよぶようにしている。

このような呼称にこだわる最大のねらいは、人には「大きな物語」が必ず要る、ということを訴えたいからである。もし「宗教」という言葉を使って、人には必ず「宗教」が必要だ、というと、多くの人が反感や嫌悪感を示すにちがいない。それほどに「宗教」という言葉は汚れすぎている。

もう少し、ふれておきたい。というのも、『往生要集』は、伝統的な言葉でいえば、紛れもなく宗教書だからである。「宗教」が嫌悪されるのは仕方がないとしても、そのために『往生要集』が否定され、無視される状況であってほしくはないのである。

「大きな物語」は、さきほどからふれているように、意味づけの究極態であって、科学的実証を必要とするものではない。科学・技術時代に生きる私たちは、物事の真偽は科学的実証によって決まると思い込んでいるが、あらゆることがそうなのではない。私たちが欲しているのは、究極的な意味づけに他ならない。人は納得できる意味が欲しいのであって、その意味が科学的に実証できるかどうかは、問題外なのである。

古い言葉でいえば、神仏への信仰を非科学的だとして嘲笑する人といえども、人間が直面する限界状況そのものを否定はできないだろう。もし、神仏への信仰をあざ笑うか無視するついでに、人間存在の不安や不条理までをも否定するならば、もはやなにをかいわん、人間としての質が問われる事態といわねばならない。大事なことは、「大きな物語」が非科学的であっても、道理にかなった意味づけがなされているかどうかを見定めることであろう。「六道輪廻」は、文字通り、「物語」であり、科学的実証の対象ではない。非科学的であることには違いがないが、しかし、迷信ではない。人間存在の不条理を納得するための「物語」である。とくに、「自業自得」と「因果応報」を筋道としている点は、大事な要素である。すでに示唆しておいたように、「六道輪廻」には救済はない。『往生要集』のねらいは、「六道輪廻」を不可避とする私たちが、「六道輪廻」の「物語」によって、人間存在の根本的な限界を知り、それから脱する道を求めるようになること、にある。

つまり、「六道輪廻」は、「大きな物語」へ誘うための不可欠の「物語」なのである。「大きな物語」への踏切板であるということが、「六道輪廻」の「物語」の役目なのである。もう少しいえば、「六道輪廻」の「物語」は、私たちに絶体絶命を意識させるところに意味があり、役割があるといえよう。

では、『往生要集』に即して、「六道輪廻」の具体的なすがたを見てみよう。

3 「自業自得」

「刀葉林」地獄

源信が経典類からひきだしてくる「六道」の具体的なすがたには、いくつかの特徴がある。一つは、比喩の巧みさ。その典型は、「刀葉林」地獄の叙述である。

源信は、「地獄」にも七種あるとしているが、「刀葉林」は、その一つである「衆合《しゅごう》地獄」にある。「衆合」の「衆」は「多くの」という意味だとして、「多くの苦しみが集合して身に迫って身をそこなう」という地獄だとする（中村元『佛教語大辞典』）。また、岩波本の頭注では、「たがいに打ち合うこと、あるいは群れ、堆積などの意」（岩波、一五頁）とある。

「衆合」について、私はつぎのように考える。源信によると、罪人がどの地獄に堕ちるかは、その罪による。地上に一番近いところにある「等活地獄」には、殺生の罪を犯した者が堕ち、その下にある「黒縄《こくじょう》地獄」には、殺生に加えて盗みをしたものが堕ちる。ついで、その下にある「衆合地獄」には、殺生と盗みに加えて邪淫《じゃいん》の罪を犯した者が堕ちるという。このように、罪がつぎつぎと「集積」して、という意味が「衆合」にあるのではないか。

さて、「刀葉林」はどのような地獄なのか。

「衆合地獄」に堕ちてきた罪人は、「牛頭《ごず》」、「馬頭《めず》」とよばれる、牛や馬の頭をした獄卒たちに追われて、大きな山の間に追い込まれる。すると大山が罪人たちを挟み込むように動いてきて、罪人の身体を粉々に砕いてしまう。これを手はじめに、種々の苦しみを経験したのちに、罪人たちは、「刀葉の林」の前に引き据えられる。その木をみると、その先に美女がいる。邪淫を犯してきた罪人たちであるから、その美女を目指して木を登りはじめる。すると、木の葉は刀のように鋭利で、罪人の肉を裂き、さらに筋を裂く。このように、全身が劈《さ》かれ、ようやく木の頂にいたると、美女はなんと地上にいて罪人に媚を売り、「私はお前を思うことしきり、どうして私のところにきて、私を抱かないのか」と訴える。

罪人は「欲心熾盛《しじょう》」（欲情を激しく燃え上がらせて）にして、木を降りはじめる。すると、今度は葉が上を向くと、それはまるで剃刀《かみそり》のよう。上ってきた時と同じく、全身が裂かれてしまう。やっとのことで地上に降りると、美女はまた木の頂にいる。罪人はまた木を登る。剃刀の刃のような鋭利な葉で全身がずたずたになる。「かくの如く無量百千億歳」を経る。「百千億」とは、千億が百個の意味。しかも形容詞として「無量」とある。想像を絶する長期間ということなのであろう。

この苦しみを受けるのは、ひとえに、罪人みずからの「邪欲」を原因としているのであり、獄卒は彼らを呵責してつぎのようにいう。

異人《ひと》の作れる悪もて　異人《なんじ》、苦の報を受くるにあらず　自業自得の果《むくい》なり　衆生皆かくの如し。（岩波、一六頁）

ここにはっきりと「自業自得」という言葉が使われている。私たちは他者に対しては「自業自得」という言葉を平気で使うが、自分に当てはめて、自らの行為を反省するとか懺悔することはほとんどない。私たちの目は、つねに外部に向けられていて、自分を振り返ることは苦手なのだ。しかし、このような場面を重ねられると、いつまでも自分を除外しているわけにはゆかなくなるであろう。読者がそういうことに気づくことを、『往生要集』は期待しているのではないか。

同じ苦しみが続く

源信が描いて見せる、地獄の諸相に見られる特徴の二つ目は、罪人たちが同じ苦しみをきわめて長い間受け続ける、としている点であろう。

たとえば、地下に最初に想定されている「等活地獄」では、罪人は互いに害心をもっていて、相見れば、おのおの鉄でできた爪をもって、互いにつかみ合い、裂き合う。血肉がすでに尽きて、骨ばかりになる。その骨を、獄卒たちが鉄棒などで砕いて砂のようにしてしまう。そこへ涼風が吹いてくる。すると、砕かれた骨がたちまち元へ戻り、身体が元通りになる。あるいは、空中に声がして、「罪人ども、等しく活《よみが》えれ」、という。また、獄卒たちが鉄杖をもって地面を打ちながら「活々《かつかつ》」というと、罪人は元へ戻る。このように、砕かれては元へ戻ることをくり返して、極限の苦しみがきわめて長期間、続くとする。

同じことは、「大叫喚地獄」にもある。この地獄は、「叫喚地獄」のさらに下にあって、殺生、盗み、邪淫、飲酒の罪に加えて妄語（うそをいう）の罪を犯した者が堕ちてくる。「大叫喚地獄」には、十六の別処がある。別処とは、「大叫喚地獄」をふくめて、それぞれの地獄には城壁があり、その東西南北に門が開いていて、その先にある小地獄のこと。城壁内の地獄では、罪人たちは、同じ罪業による、同じ報いを一斉に受けるが、別処では、罪人一人一人が、個別の罪で個別の報いを受ける。それゆえに、別処のことを「孤独地獄」（あるいは、「孤地獄」）ともいう。

その別処の一つに「受鋒苦《じゆぶく》」という場所がある。ここでは、「熱鉄の利き針にて口舌倶《とも》に刺され、啼《な》き哭《さけ》ぶことあたはず」という事態が生じている。また「受無辺苦」という別処があって、ここでは、獄卒が「熱鉄の鉗《かなばさみ》を以てその舌を抜き出す」のだが、抜き出すとたちまちまた生じてくるのであり、生ずればまた抜かれる。こうして、舌を抜かれる苦しみが果てしなく続くことになる。

汝の悪業が汝を焼く

三つ目の特徴は、地獄の苦しみはだれにも代わってもらえない、ことにある。文字通り自業自得で、自分で引き受けるしかない。その様は、『悲の器』でも紹介したが、地獄の諸相を述べるくだりのいたるところで、強調されている。

たとえば、「黒縄地獄」。なぜ「黒縄」というのか。それは、ここに堕ちてきた罪人たちは熱鉄の上に伏せさせられて、熱鉄でできた縄をもって身体にしるしをつけられ、そのしるし通りに熱鉄の斧をもって身体を刻まれるのである。あるいは、熱鉄の縄が風に吹かれて身体に絡みつき、肉を焼き、骨を焦がす。

そこで獄卒がいう。怨むべきは汝の心だ。汝の心に縛られて、ついに地獄に堕ちてきたのであり、その心の起こした悪しき行為の数々によって、今こうして地獄で焼かれているのだ。妻子、身内らも汝を救うことはできない、と（岩波、一三―一四頁）。

さらに、「大焦熱地獄」では、つぎのように述べられている。「大焦熱地獄」には、殺生、盗み、邪淫、飲酒、妄語、邪見に加えて、戒律を守っている尼僧を犯した者が堕ちる。

罪人は、「大焦熱地獄」に堕ちる途中、はやくも「大焦熱地獄」の様子を見せつけられる。「大焦熱地獄」の獄卒は、きわめて醜い面貌、体つきをしており、その声は雷が轟《とどろ》くに似る。その声を聴くだけでも十分に恐怖となる。「大焦熱地獄」が近づくと「業風」（悪業の報いである苦しみがいかに激しいかを風に譬えている）が吹き荒れ、それに引き込まれるようにして「大焦熱地獄」に到着する。罪人は、燃え盛る炎と、泣き叫ぶ罪人たちの声を聞いて恐れおののくが、そういう罪人を獄卒が叱りつけて言う。

汝、地獄の声を聞いて　已《すで》にかくの如く怖畏す　いかにいはんや地獄に焼かるること
乾ける薪草を焼くが如くなるをや　火の焼くはこれ焼くにあらず　悪業乃《すなわ》ちこれ焼くなり
火の焼くは則《すなわ》ち滅すべし　業の焼くは滅すべからず（岩波、二二頁）

罪人が火に焼かれるように見えるが、実は罪人がかつておこした悪業に焼かれている、というのである。火は消えるが、悪業は、それをもたらした原因が尽きるまで消えない。悪業の因が消滅してはじめて、悪業から脱することができる。つまりは、「自業自得」はまた「因果応報」なのである。報いは、それをもたらした因が消滅するまで持続する。

また、つぎに見る「阿鼻地獄」の獄卒の言葉も、地獄の苦しみが「自業自得」であることをよく示している。

「阿鼻地獄」は、八種の地獄の一番下にあって、地獄の極みである。「欲界」の最底辺にあるという。「阿鼻」はインドの言葉の音を漢字に移したもので、意味は「無間《むけん》」、つまり間がない、連続ということ。「阿鼻地獄」は「無間地獄」ともいう。

ここに堕ちてくる罪人を待ち受けている環境は、一切が火炎のなかにあり、悪人で充満している。しかもこれほど悪人が充満していながら、罪人は「孤独にして同伴なし」なのである。その罪人に向かって、獄卒がつぎのようにいう。

いまさら悔やんでどうなるというのか。お前が受ける苦しみは、天や修羅、健達婆《けんだつば》、竜、鬼のなせるところなのではない。「業の羅《あみ》に繋縛《けばく》せられたるなり　人の能く汝を救ふものなし」、と（岩波、二四頁）。

「阿鼻地獄」の苦しみがいかに耐え難いものであるかについて、『往生要集』は、阿鼻地獄の罪人から見れば、「大焦熱地獄」などは、遊んでいるようなものだ、と述べている。

いずれにしても、こうした「自業自得」の結果である苦しみから抜け出せるのは、その苦しみの原因となった悪業をすべて償ってから、ということになる。

『往生要集』が引用する文章でいえば、「先世《せんぜ》に造る所の一切の〔悪業〕、能く那落迦《ならか》〔地獄のこと）を感じ、悪・不善の業いまだ尽きざれば、いまだこの中を出でず」（岩波、二九頁）ということになる。

「能く那落迦を感じ」とは、悪業が地獄に堕ちるという報いを受ける、ということ。「感」は、「果報を受ける」という意味（中村元『佛教語大辞典』）。いうところは、先の世で作った一切の悪業が、それにふさわしい報いを地獄で受けている間、あるいは、現世での悪行が尽きないうちは、地獄から抜け出ることはできない、となる。

4 地獄へ堕ちる原因

殺生

では、人はどのような行為をすれば、どのような地獄に堕ちるのか。

殺生の罪を犯した者は、さきに紹介したように「等活地獄」に堕ちるが、この地獄には十六の別処があり、なにを、どのようにして殺したかによって堕ちる場所が異なる、と説明する。

たとえば、「屎泥処《しでいしょ》」に堕ちたものは、極熱の屎泥を食らうが、その味はすさまじいまでに苦い。しかも、その屎泥に住むきわめて固い嘴《くちばし》をもった虫に全身を食われ、髄を吸われる。ここには、かつて、鹿を殺し、鳥を殺した者が堕ちるとする。

また、「昔、物を貪りて殺生せる者」は、「刀輪処」（岩波、一二頁）に堕ちる。ここでは、猛火が満ちており、熱鉄や両刃の刀が雨のように降ってくる。あるいは、人を縄で縛り、杖でむち打ち、断崖から落として殺した者は「多苦処」（同）に堕ちる。また、羊の口・鼻をふさいで殺し、瓦の間に亀を入れて押し殺した者は、「闇冥処《あんみようしょ》」（岩波、一三頁）という、暗闇のなかで、猛烈な火に焼かれる、と。また、気の向くままに、放逸に殺生をしたものは、常に「鉄火」によって焼かれ続ける「極苦処《ごくくしょ》」（同）に堕ちる。

殺生と偸盗、邪淫

殺生に重ねて偸盗《ちゅうとう》（盗み）を犯した者は、すでに述べたように、「黒縄地獄」に堕ちるが、この地獄にも別処がある、その一つに、かつて、間違った考え方により説法をしたもの、投身自殺をしたものが堕ちる「等喚受苦処《とうかんじゅくしょ》」（岩波、一四頁）がある。ここでは、罪人は断崖絶壁から鋭い刀の敷き詰められた熱地に投げ落とされる。堕ちた罪人は、炎の牙をもった犬に嚙み砕かれて身体がバラバラになる。声を限りに叫ぶが、誰も救いにきてくれない。

殺生に偸盗、さらに邪淫を犯した者は、「衆合地獄」に堕ちる。ここにも十六の別処がある。他人の子供を奪い、性的虐待を加え、叫び泣かしめた者は、「悪見処」（岩波、一六頁）に堕ちる。堕ちてみると、わが子がいるではないか。そのわが子に、獄卒が鉄の錐《きり》をもってその陰部を刺し、釘を打っている。罪人はわが子の苦しみを見て、「愛心悲絶して堪へ忍ぶべからず」（いとおしさのあまり悲しみに悶絶する様）。加えて、罪人自身が苦しみを受ける。逆さ釣りにされて、熱せられた銅の汁を、肛門から注がれる。熱銅汁は内臓を焼き、全身を焼き尽くす。「具《つぶ》さに身心の二苦を受くること、無量百千年の中に止《や》まず」（岩波本、一七頁）。

殺生、偸盗、邪淫、飲酒

殺生、偸盗、邪淫に加えて飲酒の罪を犯した者は、「叫喚地獄」に堕ちる。飲酒は出家者にとっては戒律に違反する罪となる。酒を飲むよりも、酒を売ることが罪とみなされていた。ここにも十六の別処がある。

たとえば、水を入れて薄めた酒を売った者は、「火末虫《かまつちゅう》」（岩波、一八頁）に堕ちる。そこでは、罪人は四百四病にかかる。その病の一つだけでも、一昼夜の間に世界中の人々を死にいたらしめるほどの毒素がある。また、罪人の身体から虫が出てきて、罪人の皮、肉、骨、髄を破って飲み食らう。

また、酒を人に飲ませて酔わしめ、十分に酔ったところで嘲《あざけ》り戯れて弄《もてあそ》び、その人に恥ずかしい思いをさせた者が堕ちるのは「雲火霧《うんかむ》」（同）である。罪人は、そこへ堕ちると、燃えさかる炎に追い込まれて、足から頭まで溶けてなくなる。しかし、火のなかから引き出されると、たちまち元へ戻る。このようにして「無量百千歳」を経る。

殺生、盗み、邪淫、飲酒、妄語、邪見

殺生、盗み、邪淫、飲酒の罪に加えて妄語（うそをつくこと）をした者は、「大叫喚地獄」に堕ちる。ここにも十六の別処があり、その一つがさきにふれた「受鋒苦《じゆぶく》」や「受無辺苦」である。

殺生、盗み、邪淫、飲酒、妄語に加えて邪見の者が堕ちるのは、「焦熱地獄」である。「邪見」とは、因果を否定する考え方のこと。ここでは獄卒が罪人を熱鉄の上に転がして熱鉄の棒をもって肉団子のようにしてしまう。また大きな鉄の串を頭から突き刺して焙《あぶ》るなどする。この地獄の罪人から見れば、さきの五つの地獄の熱さは、霜や雪に見える。

ここにも十六の別処がある。自ら餓死して、天に生まれることを望み、他人には邪見を強いた者は、「分茶離迦《ふんだりか》」（岩波、二〇頁）に堕ちる。

堕ちた罪人が炎に包まれていると、ほかの罪人が「こちらへ来い、ここには池があるぞ、水も飲めるし、林には潤った影もあるぞ」と声をかける。当の罪人がそこへ向かおうとすると穴に落ちる、穴は炎で満ちていて、身体は焼かれるがまたすぐ元へ戻る、戻ればまた焼かれる。焼かれ終わるとまた元へ戻る。

また、仏教の教えとは異なる、誤った教えを説いたもの、たとえば、無常を否定して、地水火風の四元素は永遠不滅だと説いた者は、「闇火風《あんかふう》」に堕ちる。ここでは、罪人は風に吹かれて宙に舞い上がり、輪のように回転している。その回転が終わるや、「刀風」（一瞬にして吹きつける強風）が生じて、身体はバラバラになり、砂のようになって四散する。散り終われば、また生じ、生ずればまた散る。それが永遠に続く。

尼僧を犯し、因果の道理を否定した者

殺生に偸盗、邪淫に飲酒や妄語、邪見の罪に加えて、戒律を守っている尼僧を犯した者は、「大焦熱地獄」に堕ちる。ここにもやはり十六の別処がある。在家の女性信者を犯した者がその一つに堕ちてくる。また、男性の出家者で、戒律を守っている婦女を酒で誑《たぶら》かし、性的交わりをした者は、「普受《ふじゅ》一切苦悩」に堕ちる。そこでは、炎の刀で身の皮を剝がされ、熱せられた地面に寝かされ、溶けた熱鉄が注がれる。この苦しみが「無量億千歳」の間、続く。

また、五逆罪をつくり、因果の道理を否定し、大乗仏教を誹謗し、四重を犯し、いい加減

な気持ちで信者からの布施を受けてきた者は、「阿鼻地獄」に堕ちる。ここにも十六の別処がある。そして、仏像を焼き、僧坊を焼き、僧侶が用いる着物や布団の類を焼いたものは、「鉄野干食処《てつやかんじきしょ》」（岩波、二六頁）に堕ちる。ここでの苦しみは、地獄のなかでもっとも激しいという。鉄の瓦が雨のように降り、それによって身体は破れ砕かれる。炎の牙をもつ狐が襲うとも。また仏に供えた物を奪って食った者は「黒肚処《こくとしょ》」（同）に堕ちる。ここでは、飢饉が激しく、自身の肉を食わざるをえなくなる。また聖者の食を奪い、人には食わせない者は、「雨山聚処《うせんじゅしょ》」（岩波、二七頁）に堕ちる。ここでは、巨大な鉄山が押し寄せて罪人を打ち砕く。砕ければ、また生じるから、また砕かれる。それがいつまでも続く。また河を切りくずして人を渇死せしめた者は「閻婆度処《えんばどしょ》」（同）に堕ちる。そこでは、象のような巨大な鳥が罪人をくわえて空中を移動し、はるか上空から落とす。そのため罪人の身体は砕けて粉々になる。そして、また元の身体に戻るが、同じ苦しみを受け続ける、という。

地獄をめぐる二つの系譜

ところで、『往生要集』が描いて見せる「地獄」について、一言、注意を促しておきたい。というのも、私たちが知っている「地獄」のイメージと源信の描くイメージとの間に違いがあるからだ。

たとえば、地獄といえば、血の池、針の山があり、死んで七日目には、三途の川を渡らねばならず、その際、奪衣婆《だつえば》に衣服をはぎ取られる、といった話である。だが、このような話は、『往生要集』にはない。それはなぜか。

『往生要集』は、仏教経典類から「地獄」の情景を描いた部分を抜き書きしているが、一般に広まっている地獄の話は、仏教とは無関係に、先祖たちがムラで伝承してきたものだからである。もっといえば、宗教には二種類の違いがある、ということに関係している。一つは、教祖がいて経典の類があり、その教えを信じる信者組織がある〈創唱宗教〉であり、二つは、教祖もいなくて、経典の類もなく、自覚的な信者組織もないが、昔からムラで、先祖代々受け継いできた〈自然宗教〉である。〈自然宗教〉の〈自然〉の意味は、山川草木、大自然という意味ではなく、おのずとできあがった、自然に生まれた、という意味である。先祖以来の慣習、言い伝えのなかに見いだされる宗教意識といってもよい。

つまり、私たちに親しい「地獄」は、仏教的色彩をもっているようだが、本質は〈自然宗教〉に属する。たとえば、「三途の川」で「奪衣婆」に衣服をはがされるのも、「この世」から「あの世」へ移るときには、生前の罪や穢れを清める必要がある、という〈自然宗教〉の穢れの思想から生まれている。また、地獄のありかについては、『往生要集』では、地下深くにあるとされているが、立山に地獄があるという伝承に見られるように、日本の〈自然宗教〉では、地獄は「山中」にあることが多い。というのも、〈自然宗教〉では、人は死ねば、「山」へ行くと信じられていたことに関係する。

「地獄」と「極楽」をワンセットにして論じるのは、源信の功績であり、源信以前の仏教には、そのような対照はなかった。しかし、〈自然宗教〉では、「この世」と「あの世」という対照があったのであり、仏教の地獄と極楽の教えを受け入れる際にも、そうした意識がはたらいたといえよう。その証拠に、民衆の間に伝えられてきた「地獄」は「極楽」と背中合わせになっていて、「地獄」はいつの間にか「極楽」になる。

このように、『往生要集』が広く読まれるようになる際にも、〈自然宗教〉の考え方が大きな影響を及ぼしたのである。ただ、源信の「地獄」、さらには「六道」の叙述は、あくまでも自己への内省が生まれることを期待してのことである。一方、〈自然宗教〉には、死者のタマシイが無事に先祖の霊に合体することがねらいであって、『往生要集』のように、自己内省の契機は希薄だといわねばならないだろう。

5 「餓鬼道」、「畜生道」、「阿修羅道」、「人道」、「天道」の諸相

私たちは「地獄」といえば、「地獄」だけを単独にイメージしがちだが、「地獄」はあくまでも「六道」の一つであり、犯した罪によっては、「地獄」ではなく、ほかの「六道」のいずれかに堕ちるとされている。「六道」には、「地獄」以外に、これから紹介するように、「餓鬼道」、「畜生道」、「阿修羅道」、「人道」、それに「天道」がある。

私たちが、現在、こうして人間として生きているが、それも「六道」からすれば、たまま「人道」に生まれてきたにすぎないのであり、生まれる前は、右のいずれかの世界に存在していたのである。そして、死ねばまた、「人道」以外の「六道」のいずれかに進んでゆく、ということなのである。

こういえば、おどろおどろしい話に聞こえるが、はるかな過去から遠い未来にかけての、時間的イメージとして「六道」は語られていることが多い。また、のちにふれるように、人間の心の動き、意識のありようを象徴している物語だと説明されることもある。なお、「六道」の「道」は、行き着くところ、あるいは、生存の状態、を意味する。

では、「地獄」に続いて、ほかの「六道」を紹介しよう。

「餓鬼道」

「餓鬼道」に堕ちるのはどのような人間なのか、また、どのような姿になるのか。源信によると、「慳貪《けんどん》」と「嫉妬《しっと》」の者が堕ちてくるが、そのきっかけや堕ちた後の姿は、千差万別だという。ちなみに、「餓鬼」の「鬼」とは、もとは死者のたましいのことであり、飢えに苦しむ死者を意味する。のちに想像上の怪物をさす。少しだけ例をあげておこう。

昔、財を貪るために生物を殺した者は、「鑊身《かくしん》」という鬼になる。その鬼は、人間の倍の背丈で、面・目がなく、手足は鼎《かなえ》（大きな釜）の足のようで、中では火が燃えさかっていて、身体を焼いている。

また、昔、立派な男子で、自分だけが美食をして妻子に与えなかったもの、あるいは、女性で自分だけが食べて夫や子供に食べさせなかったものが、「食吐《じきと》」という鬼になる。その鬼は、身長がきわめて高く（「半由旬《ゆじゅん》」、一由旬は牛車の一日行程の距離という）、人の吐いたものを常食にしているが、なかなか得られないで苦しんでいる。

また、昔、名利のために、けがらわしい説法をした者は、「食法《じきほう》」という鬼になる。その鬼は、険しい難所を駆けめぐって食物を探している。その姿は、黒雲のように真っ黒で、涙が雨のように落ちている。寺院での法要や説教を聞いて、命を継いでいる。

また、生前に水で薄めた酒を売った者、あるいは、ミミズや蛾を水に沈めて殺した者は、「食水《じきすい》」という鬼になる。たえず飢渇《きかつ》が身を焼き、水を求めるが、得ることができないで苦しんでいる。長い髪の毛が顔を覆っており、なにも見えない。河辺に走り寄り、人が渡河する際に足から滴る水を口にして生きている。あるいは、亡き父母のために子供が供養してくれる水だけは、少々口にできる。もし、自分から水を求めて口にしようとするなら、水を守る鬼どもが杖を以て打ち据える。

また、昔、陰の涼しい樹木を切り、また、僧侶たちの住居にあった林を伐採した者は、賊木虫《とくさむし》のように縮こまって動く鬼になる。

あるいは、昼夜にそれぞれ五人の子供を産み、それを食らうが、なお飢えて苦しむ鬼もいる。あるいは、口から火を噴きだして飛びこんできた蛾を食べる鬼もいる。また、器の洗い残した糞などを食べて生きる鬼もいる。このなかに、口は針の孔ほどで腹は山のような鬼もいる。

餓鬼たちが生きている場所は、地下深くにある閻魔王の国か、あるいは、「人」と「天」の間の世界だという（岩波、三〇―三二頁）。

「畜生道」と「阿修羅道」と「天道」

「畜生道」に堕ちるのは、「愚痴・無慚《むざん》にして、徒《いたず》らに信施を受けて、他の物もて償はざりし者」（岩波、三三頁）とされているが、ここにも出家者の罪が問われている。

そのすがたは、禽類、獣類、虫類の三種とする。彼らは、もろもろの「違縁」（思いもかけない偶然）にあい、「残害」（痛めつけられ、害《そこな》われる）の身となる。

「阿修羅道」に堕ちる者の罪名は、『往生要集』には記されていない。「阿修羅」が住むところは、大海の底か山中とする。雷の音を恐れ、常に「天人」に襲われて、命を全うできない。また、一日三度、責め道具によって苦を与えられる、という。

「天道」に住む者は、いわゆる神に類する。源信は、いかなる行為が「天道」に引き入れられるのか、については説明をしていない。彼が説明するのは、天人といえども、その快楽に終わりがあることであり、最高位にいる天人もまた「阿鼻地獄」へ転落することを強調する。たとえば、つぎのようにいう。「天上より退《の》かんと欲する時　心に大苦悩を生ず　地獄のもろもろの苦毒も　十六の一に及ばず」（岩波、四二頁）、と。

「天道」の説明で見過ごすことができないことは、「天人五衰《てんにんごすい》」であろう。「天人五衰」とは、天人が死ぬときに示す五つの兆候をいう。一つは、頭の上にある花飾りが萎えてしまう。二つは、衣服が垢《あか》で汚れる。三つは、腋の下に汗が流れる。四つは、両の目しばしばくるめく。五つは、自分の居るところを楽しまない。三島由紀夫の著名な作品『天人五衰』は、ここに由来する。

「五衰」を示す天人は、「忉利天《とうりてん》」というところに住んでいる。「忉利天」は、「欲界」の「須弥山《しゅみせん》」（仏教がいう宇宙の中心に聳える大山）の頂上にある。「欲界」は、仏教の世界観のなかの一つで、仏教によれば、衆生は三つの世界に生きるという。さきに述べておいたが、くり返すと、一つが「欲界」、二つが「色界」、三つが「無色界」である。「欲界」は、淫欲と食欲をもつ者の住む世界。「色界」は、「欲界」の上にあり、淫欲と食欲から解放された者が住む、欲を離れた清らかな世界。「色」は物質をさす。「無色界」は、物質を超えた世界。精神のみが存在するという。「忉利天《とうりてん》」に住む天人の寿命は千年で、受ける快楽は極まりがない、といわれている。

しかし、命終わらざるをえず、いよいよとなると、さきの五つの兆候が表れる。そして、この様子が現れると、親しくしていた天女、身内がたちまち去ってゆく。本人は、悲しんでつぎのように歎く。

このもろもろの天女をば、我常に憐愍《れんみん》せしに、いかんぞ一旦に我を棄つること草の如くする。我いま依るところなく怙《たの》むところなし。誰か我を救ふ者あらん。（中略）四種の甘露も卒《つい》に食すること得難く、五妙の音楽は頓《にわか》に聴聞を絶つ。悲しいかな、この身独《ひと》りこの苦を嬰《いだ》く。願はくは慈愍《じみん》を垂れてわが寿命を救ひ、更に少《わず》かの日を延ばしめば、また楽しからずや。かの馬頭山《めずせん》・沃焦海《おくしょうかい》に堕《おと》さしむることなかれ（岩波、四一―四二頁）

源信は、「天道」の最上層にあるという「非想天《ひそうてん》」の住人も、「阿鼻《あび》地獄」に堕ちることから免れることはないと述べ、「天上もまた楽《ねが》ふべからざることを」と結んでいる。それにしても、『往生要集』のなかの「畜生道」、「阿修羅道」、「天道」の叙述は、他に比べて簡略で短い。源信の関心が薄かったのであろうか。

「人道」

源信の「六道」の叙述の順序は、「地獄」からはじまり、「餓鬼、畜生、阿修羅、人」と続いて「天」で終わる。だが、私は「天道」の説明を先にして「人道《にんどう》」の説明を後に回した。他意はない。あえていえば、源信の示している「六道」の順序は、たんなる説明の順序であって、この順序でつぎつぎと「六道」を経めぐる、ということなのではない。

もしそうならば、「人」は、つぎは「天」に生まれることになる。「天道」にも寿命があり、その死するときの苦しみがいかに激しいかは、右に見たとおりである。もちろん、その暮らしは、人間からすれば夢のようである。そうとなれば、死ぬことは歓迎されこそすれ、忌避される理由はないことになる。しかし、「六道」をどのように経めぐるかは、私たちにはわからない。私たちが人間に生まれる前に積み重ねてきた罪業の種類、この人生で積み重ねた行為の結果によって、つぎの「道」が決まる、という。

源信が「人道」の特徴としてあげるのは、三つ。一つは「不浄」であり、二つは「苦」、三つが「無常」である。

人体は、身体が小さな骨から大きな骨まで、骨が種々につながりあって、そのまわりに筋肉があり、血管がめぐり、内臓があって構成されているが、源信によれば、最終的には汚物にまみれていて、「不浄」そのものだ、という。まして、死後の遺体の腐敗してゆく様子など見れば、ますます「不浄」の思いを強くするであろう。だから、このことを知れば、性欲など起こりようもない。「かくの如く想ふは、これ婬欲の病の大黄湯《だいこうとう》（薬の名）なり」（岩波、三八頁）、とある。

『往生要集』の「不浄」の描写は、微に入り細に及んで説得力がある。だからこそ、仏教の修行の一つとして、墓場で遺体が朽ちてゆくさまを、直に観察するという「不浄観」という方法が編み出されたのであろう。谷崎潤一郎の小説に『少将滋幹《しげもと》の母』があるが、そのなかで、妻を奪われた、年老いた男が、その悲しみを癒そうと、不浄観を実践する箇所がある。谷崎は、その説明として、「人間のいろいろな官能的快楽が、一時の迷いに過ぎないことを悟るようになる」と記している。主人公は、悟れたのかどうか。

それはさておき、源信の不浄観に関していえば、人間のありようからいえば、もっと清く、美しい一面もあるにもかかわらず、どうして「不浄」にのみ目線を集中させるのか。住居でいえば、書院の床の間では、掛け軸があり、花が活けられ、香が焚かれる。たしかに、トイレもある。ついこの間までは、トイレのことを「ご不浄」とよんでいた。だが、「ご不浄」は住居のほんの一部である。にもかかわらず、源信の視線は「ご不浄」に集中している。偏りも甚だしいではないか。

二つ目の「苦」についても、身体を中心に述べられている。生まれて肉体を得ると、内では、病が待ち受け、外では、寒熱、飢渇、風雨、毒虫、刑罰などが待ち受けている。このように、身体の内外には「苦」が待ち受けている、というが、ここでも、健康な身体がもたらす楽しみや喜びはまったく無視されている。

三つ目の「無常」についても、万般が「無常」だという主張ではなく、人間が死を免れないという事実の強調に終始している。「無常」に美を見いだすという人間の工夫などは、まったく論外である。

こうした「人道」の叙述は、さきに紹介しておいた「極論」の手法なのであろう。源信にとって、「人道」の快楽や、喜び、美しさなどを論じることが目的なのではなく、いかに「人道」を「六道」の一つとして、また「穢土」として、「厭離」すべきであるか、を解き明かすのが狙いなのである。

つぎの引用文などは、死の免れがたいことを美文で謳いあげている。

無常の殺鬼は豪賢を択《えら》ばず。危脆《きぜい》にして堅からず、恃怙《じこ》すべきこと難《かた》し。いかんぞ安然《あんねん》として百歳を規望し、四方に馳求《ちぐ》して、貯へ積み聚《あつ》め斂《めと》らん。聚め斂ることいまだ足らざるに、溘然《こうねん》として（突然に）長く往かば（死ねば）、所有《しょう》の産貨は徒《いたず》らに他の有となり、冥々として独り逝く。（岩波、四〇頁）

長寿社会となった現代日本では、右の源信の引用文が、妙に現実感をもって迫ってくるではないか。いわく、老後のための資金の工面に苦労して、せっかく集めたものの、本人が死んでしまうと、つぎは相続でもめる、と。加えて、「冥々として独り逝く」（なにもわからないまま、一人で死んでゆく）のは、千年前よりも、現代の方が切実だといわねばならないであろう。

6　「穢土」を厭い離れよ

今生の役割

それにしても、わが人生や自身を「厭い離れよ」とは、なんと難しいことではないか。そもそも、私たちは、この世を「穢土」（煩悩にまみれた世界）とみなすことができるのであろうか。源信は、「厭離穢土」の章を結ぶにあたって、わざわざこの一節を設けて、あらためて「厭離穢土」を勧める。

もろもろの衆生は貪愛《とんあい》を以て自《みず》ら蔽《おお》ひ、深く五欲に著《ちゃく》す。常《じょう》にあらざるを常と謂《おも》ひ、楽にあらざるを楽と謂ふ。（岩波、四二―四三頁）

このような人間の行く先は「三途《さんず》」、つまり「地獄」・「餓鬼」・「畜生」の世界である。にもかかわらず、人々は歓楽を求めて生きている。源信は、あらためて警鐘を鳴らす。

かの三途の怖畏の中に於ては　妻子及び親識を見ず　車馬・財宝も他の人に属し　苦を受くるに誰か能く共に分《わか》つ者あらん（中略）ただ黒業《こくごう》（悪業のこと）のみありて常に随逐《ずいちく》す〈乃至〉閻羅《えんら》常にかの罪人に告ぐ　少《わず》かの罪も我能く加ふることあることなし　汝自《みずか》ら罪を作りていま自ら来る　業報　自《おのずか》ら招いて代る者なし　父母・妻子も能く救ふものなし　ただ当《まさ》に出離の因を勤修《ごんしゅ》すべし（岩波、四三頁）

「出離の因」とは、「六道」の一つである「人道」から逃れ出て、阿弥陀仏の「浄土」（「極楽」）にいたる「因」（直接的根拠）を求めよ、ということだが、源信はなぜそれを強く勧めるのか。それは、「人道（界）」に存在している間にしかできない行為だからである。源信は、述べる。

我等、いまだ曾《かつ》て道を修せざりしが故に、徒に無辺劫を歴《へ》たり。今もし勤修せずは未来もまた然るべし。かくの如く無量生死の中に、人身《にんじん》を得ること甚だ難《かた》し。たとひ人身を得とも、諸根（能力など）を具することまた難し。たとひ諸根を具すとも、仏教に遇ふことまた難し。たとひ仏教に遇ふとも、信心を生ずることまた難し。（中略）当に知るべし、

苦海を離れて浄土に往生すべきは、ただ今生《ごんじょう》のみにあることを。（岩波、四四頁）

「人界」もまた苦の世界だが、その「人界」にいる間にしかできないことがある。それが「六道輪廻」から脱出する道を選択することなのだ、と。だから源信は再び強調する。

願はくはもろもろの行者、疾《と》く厭離の心を生じて、速かに出要の路に随《したが》へ。宝の山に入りて手を空しくして帰ることなかれ。（岩波、四四頁）

「出離の因」を求めよ

さらに、源信は問答を設けて、「出離の因」（「出要の路」ともいう）を求めよ、と説得する。問う。どうすれば、人生の厭うべきことが実感できるのか。源信は、答える。第一は、なによりも、縷々《るる》述べてきた「六道」の実相を知って怖畏せよ。あるいは、一切が夢、幻、泡のごときものだと観ぜよ（よくよく見定めよ）、というのである。

有為《うい》の諸法は　幻の如く化《け》の如し　三界の獄縛は　一として楽《ねが》ふべきものなし　王位は高顕にして　勢力自在なるも　無常既に至れば　誰か存《たも》つことを得ん者ぞ　空中の雲の

須臾《しゅゆ》にして散滅するが如し　この身の虚偽《こぎ》なること　猶《なお》し芭蕉《ばしょう》の如し　怨《あた》たり賊たり　親《しん》近《ごん》すべからず　毒蛇の篋《はこ》の如し　誰か当に愛楽《あいぎょう》すべけん　この故に諸仏は常にこの身を呵《か》し（叱ること）たまふなり（岩波、四七頁）

あるいはまた、つぎの一文を引用する。

諸行は無常なり　これ生滅《しょうめつ》の法なり　生滅の滅し已《おわ》れば　寂滅を楽《たのし》となすと。雪山《せっさん》（ヒマラヤのこと）の大士《だいし》（菩薩のこと）は全身を捨ててこの偈《げ》を得たり。行者、善く思念せよ。これを忽爾《こつに》（おろそか）にすることを得ざれ。説の如く観察《かんざつ》して、応当《まさ》に貪《とん》・瞋《じん》・痴《ち》等の惑業《わくごう》を（煩悩とそれによって起こした行為）離ること、師子の、人を追ふが如くすべし。（岩波、四八頁）

右の前半は、『涅槃経《ねはんぎょう》』に説かれている、有名な詩偈《しげ》である。「諸行無常《しょぎょうむじょう》　是生滅法《ぜしょうめっぽう》　生滅《しょうめつ》滅已《めつい》　寂滅為楽《じゃくめついらく》」。羅刹《らせつ》（鬼）から、この詩偈の前半（「諸行無常　是生滅法」）を聞いた雪山《せっさん》童子《どうじ》（雪山の大士）は感動し、その後半（「生滅滅已　寂滅為楽」）を知りたくて、羅刹にわが身を投げ捨てることを約束して、後半を聞いて悟った、という伝説に基づく。

ここで『涅槃経』が出てくるが、注めいたことを加えておきたい。というのも、『往生要集』にはおびただしい経典類が引用されるが、仏教の知識が少ない読者には、いささか戸惑われるであろうから、仏教学上の、いくつかの約束事をご紹介しておこう。一つは、経典と、その注釈書、さらにその解説書の間には、はっきりとした差を認めているということ。伝統的な言葉でいえば、「経」・「論」・「釈」の分類である。引用の際にも、その区別は明確になされている。

「経」の代表は、ここの『涅槃経』はじめ、『法華経』、『華厳経』、『般若経』、『観無量寿経』や『無量寿経』(『双巻経』)、『阿弥陀経』等々である。経典には作者の名前はない。漢訳経典の場合には、翻訳者の名前はある。

「論」は「経」の注釈書で、その執筆者の代表は、インドのナーガールージュナ(漢訳名は龍樹)で、その論には『十住《じゅうじゅう》毘婆《びば》沙論《しゃろん》』や『大智度論』、『中論』等がある。また、龍樹と並び称せられる、ヴァスバンドゥ(漢訳名は世親〈天親〉)も「論師」で、『浄土論』や『唯《ゆい》識三十頌《しきさんじゅうじゅ》』等の「論」がある。

「釈」は「経」・「論」の解釈書で、その代表は、中国人・曇鸞《どんらん》の『浄土論註』や善導の『観無量寿経疏《しょ》』(『観経疏《かんぎょうしょ》』)等がある。本書では、そうした「経」・「論」・「釈」の名を一々あげない。了承を願う。

もとへもどる。源信は、修行者に対して、この『涅槃経』の詩偈をいい加減に聞いてはならない、そして、この詩偈のとおりに理解して瞑想を深め、「貪《とん》・瞋《じん》・痴《ち》」の三毒を離れよ、と教える。しかも、その離れ方は、あたかも獅子に追われて逃れるときのように、全速力で、必死でなせ、とつけ加えている。

さらに、問いを立てる。それは、「無常」や「苦」は分かるが、「空」を観察するとはどういうことか、と。答えていう。夢と見よ、と。真実の悟りを得るまでは、夢の中にいるのと同じなのだ。そのゆえに、『唯識論』ではつぎのように教えている。

いまだ真覚《しんかく》を得ざるときは、常に夢中に処《お》る。故に仏説いて、生死の長夜となしたまへり。（岩波、五〇頁）

そして、最後に問う。もしこのような観法（瞑想方法）を実践すれば、どのような利益があるのか、と。源信は、いう。

もし常にかくの如く心を調伏《ちょうぶく》すれば五欲微薄《みはく》となり、乃至、臨終には正念にして乱れず、悪処に堕ちざるなり。（岩波、五一頁）

源信によれば、人は死ぬ間際に、「正念」の状態にあることが理想とされている。「正念」とは、文字だけでいえば、正しい思い、ということだが、内容的には、「浄土」に生まれることを信じて疑わない、ということになろう。

「六道輪廻」から「阿弥陀仏の物語」へ

「六道輪廻」説は、人間存在の不条理を神話的シンボルを駆使して解き明かそうとする、すぐれた「物語」といえるが、こうした神話的物語がさらに、救済への踏切板となったのは、阿弥陀仏という仏が誕生したからにほかならない。というのも、「六道輪廻」の「物語」だけでは、それが道徳的教えになるという一面はあっても、「六道輪廻」自体には、「自業自得」と「因果応報」の論理があるだけで、救済はないからだ。

その救済を用意するのが、阿弥陀仏にほかならない。なぜ、阿弥陀仏が「自業自得」と「因果応報」の大原則を破って、その国に招いて悟りにまで導くことができるのか。それを説明するのが「廻向《えこう》」という考え方にほかならない。「廻向」とは、阿弥陀仏が法蔵《ほうぞう》菩薩の時代に得た功徳の一切を、悪人たちに振り向けることをいう。

「廻向」については、梶山雄一のすぐれた比喩があるから、それを紹介しよう。

マンゴーの実は、マンゴーの種から生じるが、両者は似ても似つかない姿をしている。種子が実になるのは、種子が成長して熟するからであるが、それは種子からすれば「内容の転換」にほかならない。だが、マンゴーという実になったからこそ、人間をはじめ動物たちが食べることができる。そこには、「方向の転換」（広く他の生物に食べられる）が生じている。阿弥陀仏に戻っていえば、阿弥陀仏が自己の功徳を一切衆生に差し向けることが「方向の転換」であり、衆生がそれによって阿弥陀仏の国に生まれて仏になるのが「内容の転換」ということになる（『浄土仏教の思想』2、二三二頁、講談社）。

第二章
「極楽」を願え（「大文第二」）

1　「極楽」とは

「六道輪廻」の実際を知り、また実感することによって、人間存在の不条理に納得できる道は、現世にはないことが了解されてくる。つまり、私たちの常識にある「小さな物語」をいくら積み重ねても、不条理を根本的に納得できる手がかりはないのである。いわば、不条理を前にして絶体絶命を経験すると、その現世（＝「穢土」）から逃れて、不条理に苦しめられることのない世界を求めるようになる。源信の場合、それが「欣求《ごんぐ》浄土《じょうど》」、つまり、阿弥陀仏の国（＝「浄土」）に生まれることを願うことなのである。

その願いに応じて、まず、源信は、阿弥陀仏の国である「極楽」の国土と、その住人について、十種の「楽」を説いて讃え、人々に阿弥陀仏の浄土を願う心を発《おこ》させようとする。

ちなみに、「浄土」の「浄」は、煩悩に穢されていないという意味で「浄」なのであり、「浄土」は中国人による造語だといわれている。「極楽」という言葉は、康僧鎧《こうそうがい》訳『無量寿経』（阿弥陀仏の「四十八願」が説かれている）では一度しか出てこなくて、普通は「安楽」、「安養」という（拙著『無量寿経』、二八九―二九〇頁）。サンスクリット本では、経題は「極楽の美しいありさま」となっている（同、四五頁）。

ついでにいえば、のちになるが、法然は、『無量寿経』と『観無量寿経』と『阿弥陀経』を「浄土三部経」と名づけたところから、これらは、浄土宗や浄土真宗では、根本経典として重視される。源信は、なかでも『観無量寿経』を重んじている。そこには、浄土を観察するという行法が説かれているためである。右の漢訳浄土三部経の成立は、それぞれ、紀元五世紀ころという。経典には、作者名はない。それぞれの翻訳者名のみが、伝わる。作者の名が不明なことは、仏典の性格を知る上で、重要な点である。名前も伝わらない、しかしすぐれた才能の持ち主たちによって、自在に発せられた言葉が編集されたのであろうか。

源信は「極楽」という言葉を使うが、その「楽」は、常識がいう快楽ではなく、浄土ならでは得られない楽しみ、という意味である。まず、「大文第二」の冒頭にいう。

大文第二に、欣求浄土とは、極楽の依正《えしょう》の功徳、無量にして、百劫・千劫にも説いて尽すことあたはず。算分《さんぶん》・喩分《ゆぶん》もまた知る所にあらず。(岩波、五三頁)

「極楽の依正」の「依正」は、仏教用語で、「依報」と「正報」をいう。「正報」は、衆生の心身のこと。「依報」は、現代語の「環境」に近い。「報」は、人にせよ、その環境にせよ、過去の行為の結果として生じたものであるから「報」という。この場合、「正報」は、具体的には、浄土の住人である阿弥陀仏や菩薩、聖衆であり、「依報」は、経典が叙述している、浄土の国土の様子や、宮殿、池や庭、鳥や獣、虚空の様、などをさす。

「功徳」は、善行によって生じる果報のこと。「極楽」の住人やその環境のもたらす果報は、はかりしれず、いかに時間を尽くして説明しても、説明しつくすことは不可能だ、というのである。

「算分」は数で示すこと、「喩分」は比喩で示すこと。数字や比喩でも尽くすことができない、という。

それでも、先輩たちは、浄土の「益」として三十種類をあげ、ある人は二十四種の「楽」をあげている。そのひそみに倣って、源信は自分もまた、様々な経典や論書から、十種の「楽」を引き出して紹介してみたい、というのである。

2　理想的な仏道修行の場

「十種」の楽しみ

第一は「聖衆来迎《しょうじゅらいこう》の楽《らく》」（仏・菩薩が臨終に際して迎えに来るという楽しみ）、第二は「蓮華初開の楽」（行者は蓮華の台に乗って浄土に向かうが、途中、蓮華は閉じられている。そして、浄土に着くとはじめて蓮華が開き、浄土の様子が見えるようになる。その初開の楽しみのこと）、第三は「身相神通《しんそうじんずう》の楽」（浄土に生まれた人間の顔つきや不思議な力を行使する楽しみ）、第四は「五妙境界《きょうがい》の楽」（五感の対象が素晴らしいこと）、第五は「快楽《けらく》無退の楽」（楽を受けること極まりがないという楽しみ）、第六は「引接結縁《いんじょうけちえん》の楽」（世々生々に受けた恩人や先生たちに欲するままに会い、浄土へ導いてくる楽しみ）、第七は「聖衆倶会《しょうじゅくえ》の楽」（聖人たちとともに一所に会する楽しみ）、第八は「見仏聞法《もんぼう》の楽」（阿弥陀仏を見て、その教えを聞くことができる楽しみ）、第九は「随心供仏《くぶつ》の楽」（阿弥陀仏や諸仏を供養する楽しみ）、第十は「増進仏道の楽」（仏道修行が増進する楽しみ）、以上である。

右の説明のなかで、浄土がなぜ設けられているのか、なぜ浄土に生まれなければならないのか、を明確に説明しているのは、第十の「増進仏道の楽」である。その要旨を紹介しておこう。

源信は、記す。この娑婆世界で修行しても、その成果を得ることは大変難しい。なぜなら、「苦」を受けているものは、その「苦」をめぐって絶えず憂えざるをえず、逆に「楽」を受けている場合は、その「楽」に執着してしまうからである。いずれにしても、「悟り」からは、はるかに隔たった心しか生じないのである。なかには発心して出家の身となり、修行する者もいるが、内では煩悩がはたらき、外では「悪縁」（悪い条件）がはたらいて、せいぜいがおのれ一人の悟りにとどまって、他者を救う慈悲心までにはいたらない。あるいは、ふたたび「三悪道《さんまくどう》」に堕ちてゆく。

このように、凡夫の仏道修行は、たとえてみれば、巨大な氷山を、一升の熱湯を以て溶かそうとするようなもので、熱湯をかけたときには、氷の一部が解けたかのように見えるが、夜を経て明けてみれば、氷の量がかえって増えている、といったようなものなのである（原文は岩波、七六頁）。これに対して、浄土での仏道修行は確実に成果を得ることができる、とつぎのように記す。

極楽国土の衆生は、多くの因縁（直接的条件と間接的条件）あるが故に畢竟《ひっきょう》して（つまるところ）退《しりぞ》かず、仏道を増進す。一には仏の悲《ひ》願力《がんりき》（本願の力）、常に摂持《しょうじ》（まとめてたもつ）したまふが故に。

二には仏の光、常に照して菩提心（悟りを求める心）を増すが故に。

三には水鳥・樹林・風鈴等の声（浄土の環境）、常に念仏・念法・念僧の心（仏とその教え、仲間たちを奉ずる気持ち）を生ぜしむるが故に。

四には純《もは》らもろもろの菩薩、以て善友《ぜんう》となり、外に悪縁なく、内に重惑（「惑」は煩悩のこと、激しい煩悩）を伏する（制御する）が故に。

五には寿命永劫《ようごう》にして、仏と共に斉等（ひとしい）なれば、仏道を修習《しゅじゅう》するに、生死の間隔（穢土のように死によって中断されること）あることなきが故に。（岩波、七六頁）

かくして、浄土の修行者たちは、菩薩の最高位にすすみ、さらに仏になる。そして、一切衆生を悟りに至らしめる活動にしたがう。それは、「阿弥陀仏の大悲の本願の如し」であり、こうした活動ができることこそ、楽しいことではないか、と結ぶ。

「浄土」がつくられた目的

阿弥陀仏の「浄土」が、仏道修行上の最高にして最善の環境を用意しているという説明は、今の私たちには、意外に新しく響くのではないか。というのも、現代の日本の浄土教は、法然や親鸞の系譜に連なる教えが普通になっているから、「浄土」に生まれたら仏になる、しかもすぐに仏になるとイメージしがちで、「浄土」が理想的な仏道修行の場であるという印象は、薄くなっているように思われるからである。

だが、源信の場合は、あくまでも「浄土」は、仏道修行の完成を期する場なのであった。だからこそ、右のように、「水鳥・樹林・風鈴等の声」が、仏はもとより、その教え、またそれを奉ずる仲間たちへの尊敬の念を増してくれるといった楽しみが説かれるのであろう。あるいは、諸菩薩をはじめ、「善友」に恵まれるとか、寿命が仏と同じで、いつでも、またいつまでも、仏から教えを受けることができる、という楽しみがある。

なかでも仏道の実践の上で注目するべきは、「浄土」での仏道修行の完成が、一切衆生を「度《ど》する」という一点にあることを明確にしていることである。右に見たように、「浄土」で仏になるものは、「十方に往いて衆生を引接すること、弥陀仏の大悲の本願の如し」とあるが、仏になるとは、一切衆生を救済するというはたらきを自在になすことができる、ということなのである。このような仏のイメージを明確にしている点は、『往生要集』の重要な意義なのではないか。

「引接結縁の楽」

源信が列挙した「浄土」に生まれる楽しみのなかでも、私は、第六「引接結縁の楽」に共感する。「引接結縁」とは、自分と縁があった人々を探し出して、浄土に導き、仏になってもらうということ。そこには、一切衆生を仏たらしめたい、とりわけ有縁であった人々を「六道」から探し出して浄土に迎えたい、という願いがあふれている。

人は年老いてくると、死に別れた人々のことを一段と懐かしく思い出す機会が増えてくる。不思議なことに、世話になった人々だけではなく、逆縁というしかない人々のことさえもが、思い出されてくる。そして、できうれば、そうした人々と再会したい、と思う。私の場合、彼らにあらためて感謝と、いたらなかった私の所為を謝りたい、という気持ちに駆られる。それだけに、第六「引接結縁の楽」には共感するのである。

本文は述べる。

第六に、引接結縁の楽とは、人の世にあるとき、求むる所、意の如くならず。樹は静かならんと欲するも、風停《や》まず。子は養はんと欲するも、親待たず。志《こころざし》、肝胆（心）を舂《つ》く（砕く）といへども、力水菽《すいしゅく》に堪へず（「水菽」は貧乏な暮らし。「菽」は豆。「志」はあっても「力」が足りない）。君臣（君と臣）・師弟（師と弟子）・妻子（妻と子）・朋友（友達）、一切の恩所《おんじょ》（「恩所」は恩人）、一切の知識（指導者）、皆（右のような人々との関係は）またかくの如し（「志」があっても貫徹できないのと同じように、思うようにはならない）。（岩波、六四頁）

私たちが世間で生きてゆく際、求めるところがこちらの希望通りに実現することは、稀有といわねばならない。どんなに意欲や志があっても、条件が整わなければ、ことは成就しない。親孝行をしたいと思ったときには、親はすでに亡くなっている。意のままにならないのは、人間関係のあらゆるところに見られる。千年前も、現代も、事態は源信の指摘の通りである。つづけて、いう。

空しく痴愛（愚痴と貪愛、愚かさとむさぼり）の心を労して、いよいよ（かえって）輪廻の業を増す。いはんやまた業果《ごうか》（行為の結果、報い）推し遷《うつ》りて（思いもかけない展開を見せて）、生処《しょうしょ》（「六道」のそれぞれ）相隔つときは、六趣（「六道」のこと）・四生（「胎生、卵生、湿生、化生」のことで、生まれ方）、いづれの処なるを知らず（お互いにどこに、どんなすがたで生まれたのか分からなくなる）。野の獣、山の禽、誰か旧《もと》の親を弁《わきま》へん。（岩波、六

四頁）

思い通りにならないから、ますます考えが空回りをして、争わなくてもよいことを争うことにもなる。つまりは、「輪廻」の種をふやすだけとなる。いや、焦りや無理が、思いもかけない展開を見せて、互いに離れ離れになり、今、「六道」のどこにいるのか、また、どのような生物でいるのか、お互いに分かるすべもない。獣や鳥をみて、そのなかにわが親がいると、誰が弁別できようか。

さらに、いう。

もし極楽に生るれば、智慧高く明かにして神通洞《ふか》く達し、世々生々の恩所・知識、心の随《まま》に引接す（引導摂取する）。天眼《てんげん》を以て生処を見、天耳《てんに》を以て言音《ごんおん》を聞き、宿命智《しゆくみようち》（過去を知る智慧）を以てその恩を憶《おも》ひ、他心智《たしんち》（他人の心を知るはたらき）を以てその心を了《さと》り、神境通《じんきようつう》（どこへでも往来できるはたらき）を以て随逐《ずいちく》（常につきまとう）・変現《へんげん》（すがたを変じてあらわす）し、方便力《ほうべんりき》（相手に一番適切な接近方法）を以て教誡《きようかい》（教えいましめる）・示導（不思議な力を示す）す。（岩波、六四頁）

もし、浄土に生まれたならば、智慧はもとより、不思議な神通力もまた身につく。その結果、生まれかわり死にかわりして「六道輪廻」を経めぐっている（「世々生々」）、恩人（「恩所」）や、導いてくれた人々（「知識」）を探し出して、思うがままに、「六道」から救い出し、仏への道に引き入れることができる。「天眼」以下の文章は、神通力行使の様子である。また、述べる。

かの土の衆生は、皆自らその前世に従来（由来）せし所の生を知り、及び八方・上下、去来・現在の事を知り、かの諸天・人民、蠉飛《けんぴ》（空に飛ぶ生物）・蠕動《ねんどう》（地に這う生物）の類《たぐい》の、心意（こころ）に念《おも》ふ所、口に言はんと欲する所を知る。（これらのものが）いづれの歳、いづれの劫《こう》に（将来のいつに）、この国（浄土）に生れ、菩薩の道を作《な》し（実践し）、阿羅漢（悟りの第一歩）を得べきか、皆予《あらかじ》めこれを知る。（岩波、六五頁）

浄土に生まれると、自分については、過去世での生き方がすべて分かるだけではなく、自分を取り巻く環境のすべてと、過去・未来、そして現在のすべてもまた知ることができる。それだけではない。一切の生きとし生けるものが、なにを思い、なにを言わんとしているのか、はたまた、彼らがこの浄土に、いつ、生まれて、どのようにして悟りに達するのかも、あらかじめ分かる、というのだ。

私自身にかぎっていえば、自分がどのようにして今の自分になったのか、はるかな過去世から、その因・縁・果のすべてが明らかになるのである。私を苦しめてきた不条理の一切が明らかとなる。つまりは、私の苦の原因が消滅するということなのであろう。

それだけではない。私とかかわりがあった人やものをふくめて、一切がいつ、どのようにして浄土に生まれてくるのかも分かる、という。

我既にかの国に往生し已《おわ》れば　現前にこの大願を成就し　一切円満して尽《ことごと》く余すことなく　一切衆生界を利楽《りぎょう》（利益と安楽）せんと。無縁（関係のないもの）すらなほしかり。いはんや結縁（関係のあるもの）をや。（岩波、六五頁）

浄土に生まれると、一切衆生に真実の功徳と安楽を与える活動が自在になる。自分に無縁の人も、その対象になるのだが、なによりも、有縁であった人々や生き物に、「利楽」を与えることができるとは、こんなにうれしいことはないではないか。「無縁すらなほしかり。いはんや結縁をや」。この言葉が重い。

人には、老人になってはじめて手にできる智慧がある、という。私もそういう考察に賛成する年齢になったようだ。つまり、人には、生前には叶わなかった出遇いや、出遇いの本当の意味を知ることとなく終わった関係などを、あらためて知りたい、という欲求があるのではないか。そうした、欲求に正面から答えてくれているのが、右の「引接結縁の楽」ではないか。このような楽しみが待っているのなら、私もいさんで阿弥陀仏の浄土に生まれたいものだ。

『歎異抄』第四条

右の「引接結縁の楽」を読むと、私は『歎異抄』第四条を思い浮かべる。

その内容は、慈悲には「聖道」と「浄土」とのちがいがあり、「聖道」の慈悲は、人や生き物を憐れみ、いとおしみ、助けて守ろうとするものだが、思うように助け遂げることができない。それに比べると、「浄土」の慈悲は、「浄土」で仏になってから発《おこ》す慈悲だから、思い通りに衆生を苦から解放して仏にすることができる。

この世では、どんなに可哀そうに思っても、不憫に思っても、助け遂げることができない。悲しいが、この世での慈悲の活動には限界があるといわねばならない。だからこそ、念仏して「浄土」に生まれようとすることが、徹底した慈悲への近道となるのだ、と述べている。

仏教を「聖道門」（自力で悟りをめざす）と「浄土門」（阿弥陀仏の本願の力に乗じて悟りをめざす）に大別することが、意味をもってくるのは、法然からである。源信はまだ、そうした区別を全面的に主張はしていない。だが、「浄土」に生まれることを最優先する点では、法然や親鸞と共通している。その理由は、「引接結縁の楽」でみたように、「浄土」に生まれた者の慈悲心は、有縁・無縁にかかわらず、一切の衆生を「浄土」に迎えることができるのであり、挫折ということはないからである。

思えば、法然も、そして親鸞も、比叡山で修行したのであり、その浄土教の出発点は、源信の『往生要集』にあったのである。彼らは、『往生要集』を熟読することによって、あらたな展開を手にすることができたのであろう。彼らの言説には、『往生要集』が血となり肉となっているといっても過言ではないだろう。「引接結縁の楽」は、二百年後には、『歎異抄』の一節になって、脈々と伝えられてきたといっても、あながち荒説ではないだろう。

「極楽の証拠」（「大文第三」）

この世を「厭離」し、阿弥陀仏の「浄土」を「欣求」しなければならない道筋を説いてきた源信は、あらためて、なぜ阿弥陀仏の「浄土」へ生まれることを勧めるのか、その根拠がどこにあるかを記す。「大文第三　極楽の証拠」がそれである。「証拠」といっても、科学的実証的な証拠の意味ではない。経典や論書などに記された「証拠」である。どの経典に、あるいはどの論書に、阿弥陀仏の浄土の優れていることがどのように説かれているのか、それを否定する教説はないのか、といった検証が、「大文第三」の役目である。ここでは、今の私たちにも関心がもてそうなことだけを紹介しておこう。

源信は、諸仏の「浄土」のなかで、阿弥陀仏の「浄土」が絶対的に優勢であると主張するのだが、その理由の一つに、人間の側の事情をあげているのは興味深い。

娑婆世界には、人貪濁《とんじょく》多くして信向する者少く、邪を習ふ者多くして正法を信ぜず、専一なることあたはざれば、心乱れて志すことなし。（岩波、七九頁）

この世のことを「娑婆」ということは、今でもある。「娑婆」は、もとはサンスクリットに由来していて、その音を漢字に移したもので、意味は、忍耐、堪忍である。この世は煩悩に満ちていて、人々は苦しみなしには生きてゆけない。お互いに煩悩をぶつけあって生きるのであるから、忍耐が不可欠となる。関西弁で許してほしいときには、「かんにんして」というが、「かんにん」は「堪忍」のことである。

その「娑婆」を生きるにあたって、人は「貪欲」によって心が汚辱に満ちていて、仏教を信じることなど滅多にない。「信向」は、仏と、その教え（「法」という）と、その集団（「僧」という）の三つに帰依することをいう。そもそも、心を一つのことに集中することができないから、心はいつも乱れていて、仏道に志すということはおこりようがない。

（とくに阿弥陀仏の「浄土」は）もろもろの衆生をして専心にあることあらしめんとす。この故に（釈尊は）かの国土（阿弥陀仏の「浄土」）を讃歎するのみ。もろもろの往生人、悉《ことごと》くかの願に随ひて果を獲《え》ずといふことなし。（岩波、七九頁）

阿弥陀仏の浄土へ生まれることだけを願えば、ほかのことを願う必要がないというのも、ひとえに阿弥陀仏の「本願」があるためだ、という。その「本願」の中身については、これから解説が進むのだが、阿弥陀仏は、仏になるにあたって発した誓いのなかで、私を念ずるものはいかなる人間でも必ず私の「浄土」に迎えとって仏とする、と約束している。「かの願」とは、その約束のことであり、「果を獲ずといふことなし」とは、「浄土」に生まれて仏になること、である。

このように、源信が阿弥陀仏の「浄土」に生まれることをひたすら説き続けるのは、ひとえに人間の側の事情に基づくのである。人間が「愚か」でなければ、阿弥陀仏の「浄土」が説かれる必要はなかった、といってもよい。言葉を返せば、私たちが自らの「愚かさ」を自覚できない以上は、阿弥陀仏の「浄土」は遠い。神話的物語の一つに終わってしまうのであろう。

源信は「六道輪廻」の物語を使って、ひたすら人間のもつ根源的な「愚かさ」を説いてきた。また、その「愚かさ」ゆえに阿弥陀仏の「浄土」が説かれねばならないことも説いてきた。そして、私たちを縛る根源的な「愚かさ」に気づいたことを前提にして、いよいよ、阿弥陀仏の「浄土」に生まれるための方法について筆を進める。

第三章
「浄土」に生まれる方法（「大文第四」）

1 「礼拝」と「讃歎」

「仏」を「念ずる」

源信によれば、阿弥陀仏の「浄土」に生まれる最善の方法は、「念仏」である。今日では、「念仏」とは「南無阿弥陀仏」と口に称えることになっているが、源信の時代では、「念仏」は、仏を瞑想のなかで思い浮べる、あるいは、仏を常に思う、「念ずる」という行為が中心であった。語源的にいえば、「念」とは、対象を記憶して忘れないこと、といわれる。このように、「念仏」の意味は多義的なのであった。

そこで、源信は、浄土経典をはじめ、大乗仏教の主な経典、またインドや中国の学僧たちの論文類を丹念に引用しながら、「念仏」の意味、あり方を明らかにしてゆく。それが「大文第四　正修念仏《しょうしゅ》」である。

「正修」の「正」は、「まさしく」という副詞で「確実に」ということ、つまり、「浄土」に生まれるという目的を確実にする、という意味である。したがって、「正修念仏」とは、「浄土」に生まれるために確実となる阿弥陀仏の念じ方という意味であり、その方法として、インドの学僧・世親の『浄土論』から、五つの行が選び出される。

一つは「礼拝門《らいはい》」、二つは「讃歎門《さんだん》」、三つは「作願門《さがん》」、四つは「観察門《かんざつ》」、五つは「廻向《えこう》門」である。「門」とは、しかた、方法という意味。まず、「礼拝門」と「讃歎門」を紹介しよう。

「礼拝門」と「讃歎門」

仏教の修行はいずれであっても、身体を動かすことと、口に称《とな》えること、そして心の中で思う、意志をはたらかす、という三者が一体になることが求められているが、ここでいう「礼拝」も、身体を使う行だが、口で称えるとか心に思う、という要素をふくむ、とはじめに注意される。その上で、つぎのように説明される。

一心に帰命して五体を地に投げ、遥かに西方の阿弥陀仏を礼《らい》したてまつるなり。多少を論ぜざるも、ただ誠心《じょうしん》を用てせよ。（岩波、八七頁）

「五体を地に投げる」とは、両肘と両膝、それに頭、と合計五か所を地面につけて礼拝すること。それは身体を使う行なのだが、大事なことは、礼拝の回数ではなく、真心こめて実践することにある。「誠心」を用いてせよ、と注意している。

そして、たんに身体を使って礼拝するだけではなく、心に教えを思い浮かべ、口に誦《じゅ》したりして、つまり、仏を「念じて」礼拝せよと、源信は教える。

たとえば、『観仏三昧経』の、つぎのような意味の文を思い浮かべよ、とすすめている。「私は今、一仏を礼拝しているが、それは一切の仏を礼拝しているのと同じこと。また、もし一仏を思い計らうとすれば、それは一切の仏を見ることに等しい。一仏ごとに一人の行者が礼拝しているが、それは私なのだ」、と。

あるいは、龍樹《りゅうじゅ》（一五〇―二五〇頃。大乗仏教最高の論師）の『十二礼』という詩偈《しげ》などを口にしながら、礼拝するのもよい方法だ、という。そして、礼拝だけでも「浄土」に生まれることができる、と強調する。

つぎに、「讃歎門」とは、もっぱら阿弥陀仏の名を口で称えるという行《ぎょう》だが、阿弥陀仏の名を称えることが、どうして「正修念仏」になるのか。源信は、その根拠として龍樹のつぎの文を引用する。

もし人、我を念じ、名を称へて自《みずか》ら帰すれば、即ち必定《ひつじょう》に入りて、阿《あ》耨《のく》菩提を得。この故に、常に応に憶念し、偈を以て称讃すべし。(岩波、八九頁)

(注:右の引用文について。岩波本などでは、龍樹の文は「阿耨菩提を得」までとしているが、龍樹の『十住毘婆沙論』の原典にしたがった)

「我を念じ」は、阿弥陀仏を深く心中に意識して忘れないこと、「名を称へ」は、阿弥陀仏の名を称えること、「自ら帰す」とは、自ら仏に帰依すること。そうすれば、「必定に入る」という。「必定」とは、つぎは仏となると定まった、修行上の位のこと。「必定に入る」とは、つぎの段階では、必ず仏になると決まった状態になる、ということ。「阿耨菩提」とは、仏の悟りの智慧のこと。

つまり、阿弥陀仏を心に深く刻み、その名を称して、自ら阿弥陀仏に帰命すれば、つぎは悟りにいたるという位を経て、必ず仏の悟りを得ることができる、という。

源信によれば、右の文は、阿弥陀仏の本願とされているが、『無量寿経』（魏訳、以下同じ）には、同じ文はない。これは、龍樹が『無量寿経』から合成した文章だといわれている。つまり、『無量寿経』では、第十八願の文と、その願が実現されたことを示す文（学者は「成就文」とよぶ）とが、別々に記載されているが、龍樹は、第十八願の意味を明確にするために、一つの文章にまとめたのである。

やや詳細にわたるが、これから、本書を読み進めてゆく上でも有益と思われるので、あえてふれておきたい。

『無量寿経』の第十八願は、つぎのとおり。

設我得仏《せつがとくぶつ》（もし私が仏になったとき）、十方衆生《じっぽうしゅじょう》（世界中のあらゆる衆生が）、至《し》心信楽《しんしんぎょう》（まことの心をこめて、信じ願い）、欲生我国《よくしょうがこく》（わたしの国に生まれたいと欲すること）、乃至十念《ないしじゅうねん》（少なくとも十回に及べば）。若不生者《にゃくふしょうしゃ》（かならず浄土に生まれるようにしたい）、不取正覚《ふしゅしょうがく》（そうでなければ私は仏になりません）。（以下略）

その「成就文《じょうじゅぶん》」は、つぎのとおり。

諸有衆生《しょうしゅじょう》（あらゆる衆生）、聞其名号《もんごみょうごう》（その名号を聞いて）、信心歓喜《しんじんかんぎ》（信心を発《おこ》し、喜びがあふれる）、乃至《ないし》一念《いちねん》（そして、少なくとも一声の念仏を）。至心廻向《ししんえこう》（心を込めて振り向け）、願生彼国《がんしょうひこく》（阿弥陀仏の国に生まれたいと願えば）、即得往生《そくとくおうじょう》（たちまち往生を得て）、住不退転《じゅうふたいてん》（もはや「六道」に堕ちることはない）。（以下略）

龍樹は、第十八願の本文にある「至心信楽、欲生我国」を「念我」と「自帰」に置き替えて、「乃至十念」を「称名」とした上で、「成就文」にある「即得往生」と「住不退転」とを「即入必定」と「得無上菩提」に置き替えて、一文としているのである（細川巌『龍樹の仏教——十住毘婆沙論』ちくま学芸文庫、一七六頁参照）。

このような龍樹の作業があって、阿弥陀仏の名を称することが「正修念仏」だと断定できるようになっていたのである。とくに、第十八願の文からは、「称名」の意味を引き出すことはむつかしいが、龍樹は、「乃至十念」がそれに相当すると指摘していたのである。

加えて、龍樹は、「讃歎」する際には、「偈」をもってせよ、ともすすめている。そのために、源信は、聖人たちの詩偈をいくつでも、あるいは称える回数をかぎらずに、「誠」をいたして讃歎せよ、とすすめる。そして、「たとひ余行はなくとも、ただ讃歎に依りて、また応に願の随《まま》に必ず往生することを得べし」（岩波、九〇頁）と結んでいる。

2 「菩提心」をおこす

仏になろうとする心（「作願門」）

「作願門」とは、「仏に作《な》ろうと願う心」のことだが、今までの「礼拝」のように身体を中心とする行、「讃歎」のように口で聖句を称える行に比べると、心のはたらき、つまり意志が中心となる行である。では、どのような意志をもつことが「正修念仏」となるのか。源信によれば、それは「菩提心」を発することだ、という。

「菩提」とは、インド語の音を漢字に移した言葉で、意味は「覚」とか「道」、あるいは「智」のことで、仏の「悟り」をいう。「菩提心」とは、その「悟り」を得ようと願う心のことであり、「仏に作《な》ろうと願う心」のことである。

源信は、そのことを明らかにするために、中国・唐の道綽《どうしゃく》（五六二―六四五）の『安楽集』から、つぎの文を引用する。私は、その文章の意味をはっきりさせるために、便宜上、三つ（A、B、Cとする）に分けて読んでみたい。

A　大経《だいきょう》（『無量寿経』のこと）に云く、「およそ浄土に往生せんと欲せば、要《かなら》ず発菩提心を須《もち》ふることを源となす」と。いかなるか菩提とならば、乃ちこれ無上仏道の名なり。

B　もし心を発《おこ》して仏とならんと欲せば、この心広大にして法界《ほっかい》に周遍し、この心長遠にして未来際を尽す。この心普く備はりて二乗の障《さわり》を離る。もし能く一たびもこの心を発さば、無始生死の有輪《うりん》を傾く。

C　浄土論に云く、「発菩提心とは、正にこれ仏に作《な》らんと願ふ心なり。仏に作らんと願ふ心とは、即ちこれ衆生を度せんとする心なり。衆生を度せんとする心とは、即ちこれ衆生を摂受して有仏の国土に生れしむる心なり」と。今既に浄土に生れんと願ふが故に、まづすべからく菩提心を発すべし。と。（岩波、九二頁）

AとCは同じことをいっているがCの方が詳しい。というのも、Aは経典の言葉であり、Cはそれをめぐる注釈書であるから、経典の文章よりも私たちに分かるように工夫されている。

内容は「正修念仏」としては、「菩提心」を発して、「浄土」に生まれたいと願え、というのである。その願いの内容について、Cは、仏になろうとする心とは、一切の衆生を「度《ど》す」、つまり、迷いの世界から悟りの世界へ導きたい、とする心のことであり、具体的には、衆生を救って浄土に生まれしむる心だ、という。

ここで注意しなければならないことは、「仏」になるとは、私がまず仏になる、ということではなくて、「衆生を度す」ことが目標なのである。「衆生を度す」ために、私は「仏」になるのである。その逆なのではない。仏教とは、自分が仏になることよりも、他者を「度」したい、という願いが優先されている宗教なのである。

だからこそ、Ｂの文章が置かれているのである。自分の救済よりも、他者の救済を優先する精神だからこそ、その精神の普遍性が讃えられ、また、本人はその精神のゆえに「六道輪廻」からも脱することができる、というのである。

いずれにしても、「菩提心」こそが「浄土」における「悟り」の要点（「綱要」）そのものなのである。では、「菩提心」とは、具体的な実践の上では、どのようなすがた（「相」）をとるのか。

二種の「四弘誓願」

「仏になろうと願う心」とは、具体的にどのような実践としてあらわれるのか。それは、源信によると、「四弘誓願《しぐぜいがん》」だという。「四弘誓願」とは、仏教徒ならばだれでもが発すべき誓いといわれている。第一は「衆生無辺誓願度《しゅじょうむへんせいがんど》」（一切衆生を悟らしめたい）、第二は「煩悩無《ぼんのうむ》辺誓願断《へんせいがんだん》」（限りのない煩悩を断ちたい）、三つは「法門無《ほうもんむ》尽誓願知《じんせいがんち》」（無尽の教えを学び尽くしたい）、四つは「無上菩提誓願証《むじょうぼだいせいがんしょう》」（最高の智慧を得たい）である。ちなみに、現在、各宗派で用いられている「四弘誓願」の文言と上記の源信のいう文言とに異同があるが、意味に変わりはない。

　実践としては、行者が、他者を「度《ど》したい」（悟らしめたい）という慈悲心を発動すること、そのために自らの煩悩を断じて、仏教の教えを深く学び、最高の智慧を得んとすること、である。源信は、「四弘誓願」の説明が終わると、つぎのように念ぜよ、という。「我、衆生と共に極楽に生れ、前の四弘願を円満し究竟《くきょう》（極めつくすこと）せん」、と。そして、もしほかに誓願があれば、それは四弘誓願の前に唱えよ、と指示している。

　その上で、およそつぎのように勧める。欲で汚された、不浄な心で誓願を立てても、それは「悟り」をもたらす原因とはならない。また、心に限りを設けているならば、本当の「悟り」（「大菩提」）とはならない。もし、誠の心を尽くさないなら、誓願の力は強いものとはならない。そのゆえに、「要《かなら》ず清浄にして深広《じんこう》なる誠の心を須《もち》ひよ」、と。そして、他人に勝つために、あるいは、名利などのために、誓願を立ててはならない。また、一切を見通すという仏の眼の届くかぎりの、すべての世界に生きる一切の衆生を度し、一切の煩悩を断じ、一切の教えを学び、一切の仏徳を得ようと心に決めて、「四種の願と行とを発《おこ》せ」、と（岩波、九四頁）。

源信は、この四つの誓いを、さらに二種に区別する。一つは「事《じ》」を縁として発動される場合、二つは「理《り》」を縁とする場合。「事」は、具体的で個別的という意味で、行者に縁のある具体的な人々や生き物、ものに即して慈悲の実践をすること。「理」は、抽象的、普遍的という意味であり、真理そのものに即して実践される慈悲のことである。源信は、後者を最高の「菩提心」として推奨する。

問題は、後者（「理」を縁とする願の実践）の理解が、はじめて仏教に触れる人にとっては、きわめて難解なことであろう。あるいは、少々、仏教的な知識があっても、その理解は容易ではない。ここではっきりいえば、『往生要集』が期待している読者は、出家者、いわば仏教の修行をプロとしている人々なのであり、在俗の仏教徒は二次的対象といってよい。仏教の修行、とくに天台宗の教えをすでに実践していることが前提になっている。

そこで、ここでは、引用文を逐一解説するというよりは、さしあたり、「理」が理解できるために、仏教的思考の特色をまず紹介しておこう。

「即」と「転」

仏教的思考方法を知る手がかりは、この「作願門」を紹介する源信の説明のなかにある。それは、「生死即涅槃《しょうじそくねはん》、煩悩即菩提《ぼんのうそくぼだい》」という言葉である（岩波、九二頁）。「生死」は私たちが暮らしている世界のことであり、仏教から見れば、迷いの世界のことである。「涅槃」は、仏教が目指す究極的な「悟り」の世界のこと。「煩悩」は、我欲を達成するための心的はたらき、「菩提」は「悟り」。問題は、「生死」（迷いの世界）が「即」、そのまま、「涅槃」（「悟り」の世界）になり、「煩悩」が「即」、そのまま「菩提」（「悟り」）だという点にある。

普通の考え方からすれば、迷いがそのまま（「即」）、「悟り」というのは、あまりにも飛躍がありすぎる。私たちには、ついてゆけない思考ではないか。

ほかにも、「作願門」には、「非有非無」（「有にあらず無にあらず」）、「非常非断」（常にあらず断にあらず）、「不生不滅」（「生ぜず滅せず」）といった言葉が続く。「有」と「無」の、それぞれのあり方はイメージできるが、「有」でもない、「無」でもないとなると、それはなにを意味しているのか、どのような状態をさしているのか、常識では簡単に理解できない。

常識がなぜこの種のレトリックを納得するのに手間取るのか、それは、常識が「分別《ふんべつ》」からできているからだろう。なにかをなにかから分ける、区別することによって、認識を確かなものにしている。しかし、「分別」は、自ら分けたものを実体化し、固定化しがちである。そして、そういう「分別」にこだわる、あるいは固執することが自我のはたらきとして、全面的に人生の局面に躍り出てくると、日常的分別心から解放されることは、きわめて難しくなる。常識と思われていることも、多くの場合、その人の「分別心」の集積なのである。

だが、そういう「分別」の固定化は、しばしば、あらたな「苦」の原因となり、「分別」にこだわるかぎり、「苦」の解決策は見えてこない。その「苦」の解決策は、「分別」から一度解放されることからはじまるのであろう。

「有にあらず無にあらず」という表現は、現実を「有」か「無」か、いずれかに決めてしまう立場では分からない。つまり、現実を、自己の「分別」によって絶対化して見るのではなく、その「分別」を一度棚にあげて、そのまま、予断なく見る。それが「非有非無」という言葉の意味するところなのである。

「生死即涅槃、煩悩即菩提」にもどろう。源信は、こうした論理を説明するために用いている比喩がある。それは、「水と氷」、あるいは「種《たね》と菓《このみ》」である（岩波、九六頁）。後者の比喩を使って、仏教的思考の特色を紹介してみよう。

源信がいうのは、「種」だけ、あるいは「実」だけを見ていて、それだけで「木」というわけにはゆかない、ということなのである。つまり、「種」も「実」も、「木」の生命の一面を担っているのだが、それを正確に理解するためには、「木」の生命の流れという次元にまで認識を深める必要がある、ということなのである。

同じように、「煩悩」だけを見て、それが人間の本質だというのは、一面にすぎるであろう。人間の精神のはたらきの一面を指して「煩悩」という以上は、「煩悩」に対応する精神のはたらきが前提となっているにちがいない。それが「悟り」なのだが、私たちには「悟り」は言葉だけであって、その内実はわからない。ただ、「煩悩」という言葉がなければ、「悟り」（「涅槃」や「菩提」）という言葉も必要ではなく、ないに等しい、ということは分かる。「悟り」は、「煩悩」というはたらきを認めるからこそ、意味をもつ言葉なのである。

もっといえば、「煩悩」は、人間の心のはたらきとして、もともとあるのではない。自我意識が強まり、自己への執着心が深まるなかで、内省がはたらき、「煩悩」という言葉が実感されるようになる。具体的には、欲望の固定化、肥大化が生み出され、その結果、現実に苦しみが生まれるようになったとき、である。「煩悩」は、自我意識の深まりと一体になっている。

しかし、「煩悩」とよばれる心のはたらきだけが、心のすべてなのであろうか。すでに「煩悩」という意識が生まれるということは、すでに「煩悩」とよばれる心のはたらきを客観的に見るはたらきが生まれているからこそ、可能なのであろう。つまり、「煩悩」と自覚できる意識、内省のはたらきがキーワードとなる。

言葉を換えると、「煩悩」が転じられれば、「悟り」という境地が生まれてくるということではないか。「転じる」といったが、「転」は、否定ではない。局面、あるいは段階が変わるということだろう。「煩悩」に縛られていた人間が、別の人間になるのではない。「悟り」を手にするのは、「煩悩」に苦しんでいた人間なのであり、その人間が「煩悩」から解放されて、自由自在な境地を得ることが「悟り」を手にする、ということなのであろう。

そこには、「転」という時間の契機が入っている。「煩悩」をコントロールできるようになるためには、時間が不可欠であろう。おそらく、「悟り」の境地からみれば、「煩悩」とよばれていた心的活動は、もはや「苦」を生み出すことなく、生命を維持する基本的な欲求の範囲内で機能しているにちがいない。

仏教は「転迷開悟《てんめいかいご》」の宗教といわれる。「迷い」を「転」じて、「悟る」のである。「転」が大事な概念である。「転」は、修行によって得られるのである。

同じように、「有る」ということも、ある視点から、あるいは、ある立場から「有る」といっているのであり、視点が変わると、「有りよう」そのものが変わることがある。たとえば、仏教では、一切は関係性のなかにあるという。そうすると、固有の実体があるということは成立しがたくなるであろう。

「私」は、私自身にとっては、絶対的存在であり、否定しようがない。しかし、実体よりも関係性を重視する視点から見れば、「私」は、物質的にも、精神的にも、無数の関係の交錯のなかにあることが理解できる。そうした視点をとりいれると、それまでの「私」の絶対性や固有性が薄まる。代わりに、他者への配慮が増すことになる。自己を貫いている関係性を重視する生き方が、可能となってくるにちがいない。他者への関心が深まり、「慈悲」の実践もまた、容易になる。

「種」と「実」の比喩にもどれば、「種」だけでは、「木」が見えていないし、「実」だけでも、それが「木」だというわけにはいかない。ましてや、「種」をもって「木」とみなすのは、誤謬であろう。

「煩悩即菩提」、「生死即涅槃」の「即」は、こうした、「転」という時間的契機をふくむ言葉なのであろう。時には、あまりにも瞬間であるから、誤解をしがちだが、「即」といえども、時間をふくむ。

「即」は、二つの概念の同一性を主張しているのではない。ただ、仏教的思考からすれば、両者はできるだけ同一に近いほうがいい。というのも、いずれも一人の「心」のはたらき、「心」の認識の範囲内なのであるから。

九つの問答

「作願門」は、「浄土」に生まれるためのもっとも肝要な実践を教える部門であるために、源信は特に問答を設けて、懇切に教え導く。その問答は、九つにのぼるが、つぎに、それらを見てみよう。

第一の問い。なにを求めれば、またどのように求めれば「悟り」が得られるのか。

源信はいう。優れた人の求め方と、劣った人の求め方に違いがある、として、およそつぎのように答える（岩波、九四頁以下）。

劣った人は、実践の道を特定する。たとえば、ひたすら苦行をして、一晩中（「初・中・後夜《ごや》」）精魂込めて瞑想行を実践し、「悟り」を得ようとする。それに比べると、優れた人は「諸法実相」を知って修行する。「諸法」は、一切の事柄。「実相」は真実のすがた。したがって、「諸法実相」とは、すべてのことがらに真実がある、という見方である。そうした見方に立って、仏道を行じるのである。だから、貪欲や瞋恚《しんい》（怒り）もまた仏道の場となる。

こうした「煩悩」を退けて、「悟り」が別にあるという考え方では、「悟り」は得られない。もとより、源信がすすめるのは、後者の求道の仕方であることはいうまでもない。

第二の問い。もし「煩悩」と「悟り」が一体だとすれば、「煩悩」に心をまかせて生きてもよいのではないか。

答える。「煩悩」が「悟り」にいたる道筋として意味をもつのは、その人間が仏道を歩んでいるからであり、仏道とは関係なく、「煩悩」と「悟り」が一体だという言葉だけを知って、好んで悪業を発《おこ》しても、仏道を修行していない人間の発す悪業は、必然的にその結果として「苦」をもたらす。それは、消滅はしない。「生死」を輪廻する種を、つくるだけのこと。「刹那の苦果に於てなほ堪へ難きことを厭ひ、永劫の苦因に於ては自《みずか》ら恣《ほしいまま》に作らんことを欣《ねが》ふや（岩波、九六頁）」（一瞬の苦しみでさえ堪え難いといって嫌っているのに、わざわざ悪業をほしいままにして、永遠の苦の種を望んでつくるのは、どういうことか）。

これで、分かるであろう。「煩悩」と「悟り」は、本質は一つだといっても、時と場によって、「煩悩」のはたらきは異なるのである。つまり、仏道を修めるものは、「煩悩」に苦しめられても、身にそなわる「仏性」（仏になる素《もと》）があらわれるが、修行しない者は、仏性の自覚は生じない。したがって、「六道輪廻」の種をつくるだけに終わる。

第三の問い。凡夫はおよそ修行には堪えられない存在なのに、どうして「四弘誓願」を発さねばならないのか。

答える。たとえ修行には堪えなくとも、必ず悲願は発せ。なぜならば、誓願を発すという事実がきわめて高い価値をもつからである。行《ぎょう》をいくら積み重ねても、「地獄」に堕ちることもある。一方、たった一念の悲願を発すだけでも、「天」に生まれる場合もある。このように、「地獄」へ堕ちるか、「天」に生まれるか、はたまた「極楽」に生まれるか、その昇沈を決めるのは、行ではなく、心にある。こうしてみれば、どんな人でも、一生の間に一度くらいは、仏に手を合わせ、人に食べ物を施すことがあるだろう。そのわずかの善行も、「四弘誓願」に組み込めばよいのだ。そうすると、誓願と行が相応《あいおう》じて、願は虚妄《こもう》（無駄）とはならないのだ、と。

第四の問い。では、どのようにして心をはたらかせばよいのか。

答える。布施《ふせ》を行じてみよ。大事なことは、その際に願いを発することである。たとえば、食べ物を施すときには、一切を見通す智慧をそなえるようになりたい、と願う。飲み物を施すときには、貪りの心を断ちたい、と願う。衣服を施すときは、自らが慚愧《ざんき》の衣を身に着けることができるために、と願う。坐る場所を布施するときは、自分がいつか菩提樹の下に坐すためだ、と願う。（中略）自ら施す財物がなければ、心の布施をなせ。

このように、事柄に応じて「四弘誓願」のそれぞれを、心を込めて発せ。布施をする際には第一の願（「衆生無辺誓願度」）を、悪を制御できるときには第二の願（「煩悩無辺誓願断」）を、経典の文句などを誦《じゅ》するときには第三の願（「法門無尽誓願知」）を、それぞれ思い発せ。そして、いずれの場合にも、最後は「広く衆生を度せん」（「無上菩提誓願証」）と願え。

このように、一切の事柄に触れて、常につぎのように、心をはたらかせよ。「今から私は少しづつ、修学し、極楽に生まれて自在に仏道を学び、速やかに悟りを得て、衆生を利益することを極めつくすことができますように」、と。

もし、常にこのような思いを懐《いだ》き、力のかぎり修行するならば、一滴の水といえども、次第に大器に満ちてくることができるように、この心は、あらゆる善を維持して漏れ落とすことなく、最後はかならず悟りに導くであろう。「菩提心」は、このように誓願と行を支えて、ついに「三界」に堕ちることがないようにしているのである（岩波、九八—九九頁）。

第五の問い。私たち凡夫は、常にそのように心をはたらかせることができないが、そういう思いを欠いている善行は無意味で空しいものとなるのか。

答える。「私はこれから些細な善行であっても、自分の果報のためにせず、ことごとく極楽に生まれるため、悟りを求めるためにしよう」と、至誠心をもって、心に念じて、口にも言え。そうするならば、以後の善行は、意識しようがしまいが、すべて悟りに向かうであろう。譬《たと》えていえば、一度渠《みぞ》を穿《うが》ってしまえば、あらゆる水は渠に入り、川へと流れ、最後は大海に入るように、一度発心すれば、その後の善行は、自然に四弘誓願の渠に流れ込み、いよいよ極楽に生まれて、ついに悟りの海に集まるのである。ましてや、時あるごとに、以前の願を思い発してはまた念じるのであるから、その効果は、はかりしれないであろう。

第六の問い。凡夫は、布施をしようとしても執着心があって、思うように布施もできない。また布施をしようとしても、貧乏でできないこともある。どういう手段をもって、心を真理（「理」）に従わせればよいのか。

答える。そういう場合には、つぎのように決意せよ。「努力に努力を重ねて、徐々に、貪りと物惜しみの垢をそぎ落とすようにしよう。財物を捨てて布施することを学び、常に施しの心を増長《ぞうじょう》し、広大ならしめよう」、と。

財物がなくて布施できないときは、他人が布施するのを見て、随喜せよ。随喜は、布施と等しいのだ。

第七の問い。先に、菩提心を発すときは、具体的対象を縁とするよりは、真理そのものに即して発せ、と教えられたが、その時も、因果の道理を信じて修行するのがよいのか。

答える。かならず、そうすべきである。ある論は、つぎのように述べている。すべてが「空」（個別と見えてもそこには実体がない、あるのは、関係性だけ）というだけならば、そもそも「衆生」が存在しないことになる。いないものを、度することはできない。こういう考えでは、慈悲心はおこりようがないし、おこっても弱い。反対に、苦しむ衆生の具体的なすがたを強調すると、「空」という見方が後退する。大事なのは、「方便力」をもつことだ。「方便力」を得れば、「空」と「有」が等しくなり、慈悲の実践が容易となる。このような「方便力」を得れば菩薩の位に入る、と（岩波、一〇一頁）。

ここでは「方便力」の説明がない。物事の本質は「空」だといっても、日常生活では、「有る」のである。慈悲の対象が「空」というだけでは、つかみどころがない。具体的に苦しむ姿を見てはじめて、慈悲心もおこる。ではなぜ、「空」という見地が慈悲の実践に不可欠なのか。それは、私自身がものごとへの執着心にあふれていて、対象が必要とする条件を正確に見極められないからである。慈悲の対象を客観的に見るために、また、なによりも自己のあり方を見極めるために、「空」という見方は不可欠なのである。そうしてはじめて、「方便力」が生まれる。

「方便」とは、対象に接近する、もっとも適切な方法、手段という意味だが、その方法は一つしかない。手段といえば、いくつでもあるかのように思うが、対象にとって、もっとも大事な接近方法は一つしかない。その方法を見極めるためには、「空」という見地が不可欠なのである。言葉を換えれば、「因果の道理」にしたがう、ということであろう。「因果の道理」は、「空」という考えによって無効とはならない。「空」は、「因果の道理」の一面なのであるから。「空」と「有」の関係については、源信もつぎの問いで答えている。

第八の問い。もし（「空」と「有」の関係をいずれかに）偏って理解すれば、どのような問題が生じるのか。

答える。ある経典には、つぎのように述べられている。「自分の見解に執着する人については、あまりおどろかない。しかし、悟ってもいない人が悟ったといって、「空」という考え方にしがみつく人は、絶対的に許さない」、と。

また、別の経典には、つぎのように説かれている。「自分自身や、人、寿命、命を支えているものをすべて実在すると考える者は、存在が滅びるとか、永遠であると、勝手に決める。あるいは、すべては作られるとか、自然にある、とかと説く。このような考え方は、私（釈尊）の説いている清浄な教えを棄損するも甚だしい」、と。

また、同じ経典は、つぎのように教えている。「自己と他者、すべての人が実在すると考える者は、邪見（仏教の真理から外れた見方）に堕ちる。しかし、不思議なことに、一切は滅びると考える者（「断滅見《だんめつけん》」のもの）は、早く悟る場合が多い。なぜか。これは、物事にとらわれる心を捨てやすいからだ。このことからも分かるであろう。絶対に、人前で我執にとらわれた立場で、説法してはならない」、と（岩波、一〇二頁）。

また、ある論では、つぎのように述べている。「一辺が深い水に面し、他辺が猛火に面している細い道を歩くのは危険極まりない。「空」（「無」）にも「有」にも偏らないということは、そのような細い道を歩くに等しい」、と。

さらに源信は、重ねる。一切は「空」だと観想し、その上で、四弘誓願と行を実践しなければならない。家を建てるためには、空間と地面の両者が要るように、「空」と「有」の考え方があって現実が分かる。（天台の言葉でいえば）一切は「空《くう》」、「仮《け》」、「中《ちゅう》」という三者の相即《そうそく》によって成立しているのだから、と。

右の源信の説明にある、「空」、「仮」、「中」の相即とは、原文では、「三諦《さんたい》相即」と記されている。天台宗の教えの要である。その言葉の説明だけをしておく。関心のある方は、しかるべき指導者に就いて、実際に修行される必要があろう。

「空」は、今までにも説明があったように、すべての存在は、不滅の、あるいは変化しないような実体をもたないということ。「仮《け》」は、あらゆる存在は「因・縁・果」からできている、いわば、仮《かり》の存在だということ。しかし、実際は、「空」でもなく「仮」でもなく、両者を超越したあり方をしている。文字通り「言語道断」が実際の姿であり、およそ思考の対象となるべきものなのではない。

では、実際は何といえばよいのか。それが「中」である。「中」は、「空」や「仮」が現象面の説明であるのに対して、ものごとの本質を示している言葉だといえる。

第九の問い。ものには実体があると執着する考え方（「有に執する見」）は、重い罪だとするならば、さきに紹介された、具体的なものに即して発す菩提心（「事を縁とする菩提心」）は、価値があるのであろうか。

答える。「有」に固執しすぎると、過ちが生じる。しかし、「事を縁とする菩提心」は、かならずしも対象に強い執着を示すものではないだろう。「事を縁とする菩提心」は必ず「悟り」に到達できる、というではないか。「空」への固執についても、同じことがいえる。譬《たと》えれば、火を使うのに、手が火に触れれば、やけどなど害が生じるが、触れなければ火は役に立つ。「有」に執着することも、「空」に執着することも、同じことだ（岩波、一〇三頁）。

このように、九問を立てて、浄土に生まれるための道を教えるのであるが、その要点は、自身が煩悩の身であることを深く自覚して、しかも仏道を歩んでいるという思いをもつこと、にある。煩悩の身でありながら、どうして仏道を歩めるのか。それに答えるのが、「諸法実相」という論理なのである。それに基づけば、現実に煩悩の身でありながらも、浄土を目指す願いがあれば、その願いのために、その人間は、自己を客観視することができていて、すでに浄土への道を歩んでいることになる、という。

「発菩提心」がもたらす利益

源信は、「仏になろうと願う心」を発すだけで、いかなる煩悩も悪業も、もはや「六道」に堕ちる契機とはならない、と強調する。しかも、「発菩提心」は、出家者にとって有効であるだけではなく、凡夫にも等しく有益なのだと注釈をつけている（岩波、一〇七頁）。その上で、四つの問答を設ける。

第一の問い。「事を縁とする誓願」にもまた、すぐれた利益はあるのか。

答え。「理を縁とする誓願」には及ばないが、すばらしい利益がある、と。

源信は、その理由として、経典と論から五つの理由をあげているが、大同小異の上、右の結論と同じだから、ここでは略す。

第二の問い。衆生には本来「仏性」があると理解するならば、それは、すでに「理を縁とする発心」と同じではないのか。

答える。確かにそうだが、「第一義空」（最高の真実）を観想する智慧とはいえない。

第三の問い。安楽浄土に生まれることを願うだけで往生できる、あるいは、仏の名前を聞けばただちに悟りを得ることができる、という教説があるが、これは、将来に結果を招く原因だけを説いているにすぎない。なぜなら、そこには願に相応する行がないからだ。このような願と行が相応しない教説を「別時」といい、にもかかわらず、すぐさまその成果が生まれると教えることを「別時意趣《べつじいしゅ》」という。「菩提心」を発すだけで往生を得るというのは、「別時意趣」なのではないか。

答える。「菩提心」のはたらきは、きわめて深い（「大菩提心は功能甚深《くのうじんじん》なり」）。無量の罪を滅し、無量の福をもたらす。ゆえに、浄土を求めれば、たちまち得ることができるのだ。問いにある「別時意趣」というのは、自分自身のために極楽を願い求めていることをいう。それは、「四弘誓願」という広大な「菩提心」ではない。

第四の問い。「菩提心」にこのような力があるのなら、一切の菩薩は、最初に発心したときから、もはや「六道」のいずれかに堕ちる心配はないはずだがどうなのか。

答える。菩薩といえども、「不退転《ふたいてん》」という修行上の位《くらい》にいたらなければ、汚れた心と浄らかな心が入り混じるのは避けられない。罪を滅することができたと思っても、その直後に、また罪をつくっている。「菩提心」には「浅深《せんじん》・強弱」がある。また、悪業にも「久近《くごん》・定不定《じょう》」がある（はるかな昔に造《つく》った悪もあれば、ごく最近に造った悪もある。また消せる罪もあれば、消せない罪もある）。だから、「不退転」という修行上の位に就くまでは、定まらない。「菩提心」に、罪を滅する力がない、というのではないのだ。

源信は、最後に、「見ん者、取捨せよ（読者よ、私の意見を適宜取捨せよ）」（岩波、一一〇頁）と結んでいる。

私の見るところ、この四つの問答を示すことで、源信は、いいたいことをほぼいいきったのではないか。だからこそ、「見ん者、取捨せよ」ということができたのであろう。

どういうことか。それは、源信にとって「菩提心」は、「願い」そのものである。普通は、「願い」は、現実に成果をもたらしていないかぎり、「願い」でしかない。「願い」は、実現してこそ意味をもつ。だが、源信は、「浄土」に生まれて仏になりたい、と願うことは、世間でいう普通の「願い」とは質を異にしている、と考えている。なぜならば、「菩提心」は、普段の暮らしでは発動するはずもない「願い」なのだから。その「菩提心」が発動しているということは、その人間の深層意識のレベルにおいて、すでに「仏」が活動を開始していることの証拠だと考えられる。それが源信の重視する、一人一人にそなわっている「仏性」の目覚め、ということであろう。

しかも、源信は、注意している。「願い」はそれを実現する「行」と結びつかねばならない、と。教えだけでは、人は救われない。その教えを実現する「行」が不可欠なのである。その行による目標の実現は、今生でなくてもよいのである。「菩提心」という願いに基づいて、行を実践していることは、そのまま、仏になるという目標が実現しつつある、ということなのである。たとえ、遅々としていても。

「浄土」が、現世に存在しない以上、しかも、それを求めてやまないという「願い」がある以上、その「願い」が仏道そのものになるのは、当然ではないか。それが、浄土仏教の存在理由であろう。

考察・検討のための問答（「料簡」）

およそ、宗教的救済は、まずわが身に実現するのが筋なのではないか。いまだ自分は苦悩や不安のなかにあって、なおかつ他者を救済するというのは、論理的にも破綻している上、そのような余力が本人にあるとは思えないではないか。

源信の場合も、こうした批判に応じねばならなかった。というのも、大乗仏教の根幹を教える『華厳経』などには、つぎのように説かれているからである。「「菩提心」は、「大悲心」に基づいて生まれるものであり、普通の善行をいくら重ねても生じない」、と。

あるいは、ある「論」には、つぎのようにある。「自分を救うことができなくて、どうしてほかの人を救うことができるのか。たとえば、泥に沈んでいる自分を思え。そんな人間が、ほかの人を救えるのか。水にかろうじて漂っているものが、溺れているものを救うなど、不可能であろう。だから、説かれているのだ。「我度《ど》し已《おわ》りて、当《まさ》に彼を度すべし」、と」。

念仏者の本懐

こうした批判に対して、源信はつぎのように答える。「すでに述べておいた。極楽を願う者は、かならず四弘誓願を発して、その願にしたがって修行せよ、と。すでにこれは、「大悲心」の行ではないのか。また、極楽を願う心は、自分一人の利益のためなのではない。なぜなら、現世は諸々の障碍《しょうがい》があって、仏教を十二分に学び、身につける暇がない。だから、まず極楽に生まれて、菩薩の「願」と「行」を円満して自在に一切衆生を利益しようと欲しているのだ。決して自分一人の利益のために極楽を願っているのではない」、と（岩波、一一一頁）。同じ趣旨を別の「論」から、つぎの一文を引用する。

浄土に生れんと求むる所以は一切衆生の苦を救抜《くばつ》せんと欲するが故なり。即ち自ら思付《しそん》（思いはかる）すらく、「我《われ》今、力なし。もし悪世《あくせ》、煩悩の境《さかい》の中にありては、境強きを以ての故に、自ら纏縛《てんばく》せられて三途《さんず》（三悪道）に淪溺《りんでき》（煩悩に溺れて抜け出ることができないこと）し、動《やや》もすれば数劫を経《へ》ん。かくの如く輪転《りんでん》すること、無始より已来《このかた》いまだ曾《かつ》て休《く》息《そく》せず。いづれの時にか、能《よ》く衆生の苦を救ふことを得ん」と。これが為に、浄土に生れて諸仏に親近《しんごん》し、無生忍《むしょうにん》（真理を悟ったやすらぎ）を証して、方《まさ》に能く悪世の中に於て、衆生の苦を救はんと求むるなり。（岩波、一一二頁）

源信は、この問答をつぎのように、たからかに結ぶ。「まさに知るべきである。仏を念じて、善を修するという因をつくり、その報いとして極楽に生まれて、悟りを得る。「大菩提を証する」ことは「果報」なのであり、衆生を利益することを「本懐《ほんがい》」となすのだ！　たとえば、木を植えれば花が開く。花が開けば花を因として菓（実）が結ばれ、人はその実を食べてよろこぶではないか。それと同じことなのだ」（岩波、一一二頁）と。

ここにおいても、源信は、「浄土」が仏道修行の理想的場であることを強調しているのである。「浄土」がなんのために構想されたのか、その原点を見るといえばいいすぎであろうか。

念仏という行をめぐる問答

また、問う。念仏の行は「四弘誓願」のなかのいずれに該当するのか。

答える。仏を念じるという瞑想に入るとすれば、第三の「法門無尽誓願知」の願と行の実践となる。また、煩悩を滅ぼす（「伏滅」）ということになれば、第二の「煩悩無辺誓願断」に相当する。遠近の人と仏縁を結ぶとすれば、これは第一の「衆生無辺誓願度」の願・行になる。功徳を重ねるのは、第四の「無上菩提誓願証」の願を実現することになる。そのほかのもろもろの善行も同じこと、説明は不要であろう。

以下の問答は、念仏という行の実践以外に、どうして「菩提心」を発《おこ》す必要があるのか、にこたえる。つまり、願いの役割について述べる。

問う。一心に念仏すれば、理の当然として、往生できるであろう。それだのに、どうして経典や論書は「菩提心」を発することを勧めているのか。

答える。ある「論」は、つぎのように述べている。「仏の国の事業は広大なので、行者の修行の成果のもたらす功徳だけでは成就することはできない。どうしても、願の力が必要なのだ。たとえば、牛は力があるといっても、車を曳《ひ》くときには御者がいる。同様に、世界を仏の国土として清めることは、願によって導かれて成就するのである。願の誓いがあるから、福徳と智慧が増すのである」、と。

また、ある論はいう。「一切の諸法は願を根本となす。願を離れては則ち成ぜず。この故に願を発す」、と。

このように、「大菩提心」には、大きな力があるのだから、行者はかならずこの願を発さねばならない。

また、問う。もし願を発することがなかったら、往生はできないのか。

答える。ある解釈によれば、およそつぎのようになる。『観無量寿経』には、浄土に生まれるものを九種類に分ける。上生、中生、下生の三種類をさらにそれぞれ三種に分かつ。「上品上生、上品中生、上品下生、中品上生、中品中生、中品下生、下品上生、下品中生、下品下生」(『往生要集』では、「上上品、中上品、下下品」といった省略形が使用される)である。これら九種類の人はすべて、「菩提心」を発す、と。

また、別の論では、つぎのように述べている。「中・下品はただ福分(世間的な幸福をもたらす戒律などの行）に由りて（「浄土」に）生まれ、上品は福分・道分《どうぶん》（「悟り」そのものをもたらす行）を具して（「浄土」に）生る」という。ここでいう「道分」とは、「菩提心」の「行」をさすのだ。

また、問う。浄土に生まれるためには、願が不可欠だが、人が悪をなして地獄に堕ちることを願わなければ、彼は地獄に堕ちないですむのか。

答える。罪の報いにはかぎり（「量」）がある。しかし、「浄土」の果報には制限はない。罪の報いと「浄土」に生まれる報いは、「報い」には違いないが、内容がまったく異なる。地獄に堕ちる因と、浄土に生まれる因とを同じと考えてはならない。

この点に関して、ある「論」はつぎのように述べている。罪と福徳には、それぞれ報いが決まっている。だが、願を発すものは、「小福」（少々の善行など）を行っても、願の力によって「大果報」を得る。一切の衆生は、楽を得んと願うが、苦を願うものはいない。だから、だれも地獄は願わない。福徳には願いがともなうから、その報いは無量だが、罪を願うものはいないから、その報いは限られているのである。

また、問う。「六道」のそれぞれに生まれ代わるたびに、「大菩提の願」を増長して忘失しないようにするために、どのような工夫があるか。

答える。ある論にいう。「命や位を失っても、「妄語」（嘘、偽りをいう、とくに悟っていないのに悟ったという）や「諂曲《てんごく》」（こび、へつらうこと）をしてはならない。大事なことは、すべての人に「恭敬《くぎょう》の心」を生ぜしむることである。もし、このような活動ができれば、「六道」のいずこにあっても、「無上菩提の願」は増長するであろう」、と。

源信は、添える。この論のなかには、「菩提心」を失う二十二種類の原因が挙げられているから、見るがよい、と。

3 「観察」——仏の容貌をイメージする

仏の「相好」

源信は、つぎに、仏の「相好《そうごう》」を瞑想する修行方法を説く。「相好」の「相」は、大きな特徴という意味で、仏には三十二の「相」があるという。「好」は小さな特徴を意味し、これには八十種あるとする。日常語でも、「相好をくずす」というが、顔の表情という程度の意味になっている。

なぜ、仏の「相好」を瞑想のなかで観察する必要があるのか。源信は、「諸経の中に、初心の人の為には、多く相好の功徳を説けり」と記すだけだが、このあと、具体的な「相好」の瞑想方法を一つ一つ紹介するなかで、それぞれにどのような由来があるのかを注釈の形で示し、「相好」を瞑想する功徳を解説している。

また、当然のことだが、だれも仏を見たわけではないから、その「相好」の瞑想、観察といっても、それは経典に記されている文に即して瞑想、観察するということである。また、瞑想、観察の功徳も、どこかにまとまって記されているわけではなく、源信が多くの経典や論書から引用して明らかにしている。

「相好」の観察のことを、原文では「仏の色相を念ず」と述べている。「色相」の「色」は、この場合、身体、「相」は、この場合、特徴をいう。仏の身体的特徴を観察する、という意味になろう。

ところで、源信は、「色相」つまり「相好」の観察、瞑想について、三種を区別する。一つは「別相観」（個々の「相好」を一つ一つ、別々に観察する）、二つは「惣相観」（阿弥陀仏の全体を観察する）、三つは「雑略観」（「略」は、簡略の意味で「相好」の中の一つを選んで観察する。「雑」は、正統な観察に堪えない者のための方法）である。

「別相観」の説明は、はじめに、もっとも大事な瞑想が紹介されて、そのあと、四十二にのぼる「相好」の瞑想・観察、功徳が具体的に記される。ここでは、はじめに、「正観」とよばれる瞑想を紹介し、四十二の観察からは一つだけを紹介するにとどめる。関心のある読者は、直接『往生要集』を開いてほしい。

「正観」

「正観」は、『観無量寿経』に基づく。『観無量寿経』には、阿弥陀仏の浄土に生まれるための、十六の「観法」が記されている。その第一は、西に向かって落日を見よ、とはじまる。そして、目を閉じていても、開いていても、常にその様を思い浮かべられるようにする。また、日の上を覆う雲を見て、心のうちの罪悪に気づき、日の赫々《かっかく》とした様子を見て、浄土の光明を思え、という。

源信が取り上げるのは、その第七「華座想」である。その引用文を、佐藤春夫の訳で紹介する。

　釈尊は韋提希《いだいけ》に申されるに「かの仏を見奉りたいと思ったならば思念を起こすがよろしかろう。七宝の地の上にある蓮華の想をせよ。その蓮華の一つ一つの花片《はなびら》は百宝の色あるものとして想え。

　八万四千の脈《すじ》があってあたかも天の画くごとくである。

脈には八万四千の光をありありとはっきり見ることが出来なければならない。花片の小さなものはたてよこ二百五十由旬である。こんな蓮華に八万四千の花片があり、一々の片の間に各百億の真珠の珠《たま》があって飾り鏤《ちりば》められ一々の珠は千宝合成の天蓋と変って偏《あまね》く地上を覆うている。釈迦毗楞伽摩尼宝《しゃかびりょうがまにほう》（帝釈天が保持する宝の首飾り）をもってこの蓮華の台とし、その台は八万の金剛と赤色宝、如意宝珠やいみじき真珠などを交え飾っている上には自然に四つ柱をした宝幢《はたぼこ》があり、一々の宝幢《はたぼこ》はさながらに百千万億の須弥山《しゅみせん》である。幢上の宝の幔《まく》は第三焰天《えんてん》の宮殿のごとく五百億の微妙な宝樹を映飾《かざり》としている。一々の宝珠には八万四千の光があり、一々の光は八万四千の色さまざまな金色で、一々の金色はその宝土に光偏《あまね》く、処々に変化を示し、各々に変化を示し、各々異った相《すがた》を現わし、あるいは金剛台になったり、あるいは真珠網になったり、あるいは雲なす雑華《ぞうけ》となって各方面随所に意のままに変現してそれぞれに真理の作用を発揮している。これを見るのを華座の想とし第七観と名づける。釈尊は阿難に説きつづけられるには、こんな妙華《みょうげ》は無量寿仏（阿弥陀仏）がまだ法蔵比丘であらせられた時の願力で成ったものである。

もしこの仏を念ぜんと欲する時にはまずこの華座の想をするがよい。この想をする時には雑然と観じてはならない。みな一々順序に従って観ずべきである。一々の花片《はなびら》、一々の珠《たま》、一々の台、一々の幢《はたぼこ》などを想ってみて、みなはっきりと鏡のなかにうつした自分の顔を見るようにならせねばならない。（中略）この観を成すのを正観《しょうかん》とし、これ以外の観を名づけて邪観《じゃかん》とする（佐藤春夫訳注『観無量寿経』ちくま学芸文庫、八二―八四頁）。

右の引用中の「中略」にある一文を、源信は、ここでは引用せずに、最後に注として引用し、「正観」の効果、功徳としている。

その引用文（原文）とは、つぎのとおり。「この座の想を観ずる者は、五万劫《こう》の生死の罪を滅除し、必定して、当に極楽世界に生ずべし」、と。

こののち、蓮華座の阿弥陀仏のすがたを、頭から足の裏にいたるまで、四十二か所にわたって観察する。ここでは、その内容の例として、第九の「仏眼《ぶつげん》は青白にして云々」という箇所だけ紹介して（他意はない）、あとは、読者が直接『往生要集』を開かれることを期待する。

「仏眼は青白にして」

九には、仏眼《ぶつげん》は青白にして上下倶に眴《まじろ》く（まばたくときは上下の瞼が同時に動く）。白きは白宝に過ぎ（白玉よりも白く）、青きは青蓮花に勝れり（瞳は青蓮花より青い）。或は次に、応に広く観ずべし。眼より光明を出すに、分れて四の支《えだ》となり、遍く十方の無量の世界を照す。青き光の中には青き色の化仏（阿弥陀仏の分身）あり、白き光の中には白き色の化

仏あり。この青と白の化仏、またもろもろの神通を現す。(岩波、一二二頁)

そして、源信は、この瞑想の成り立ちと成果として、つぎのように注を付けている。「大集経に云く、「慈心を修め集め、衆生を愛視して、紺色の目の相を得たり」と云々。少《わず》なる時の間にも、この相を観ずる者は、未来の生処《しょうしょ》にて、眼《め》常に明浄にして、眼根《げんこん》に病なく、七劫の生死の罪を除き却《しりぞ》く」、と。

順観と逆観

源信は、阿弥陀仏の「相好」を瞑想して観察するために、四十二の項目を立てているが、このような瞑想の項目や順序、その成果についてのコメントは、源信自身が諸経典、諸論書などから集めてきたもので、はじめから一定の瞑想方法が決まっていたわけではない、と断っている。

その上で、瞑想の方法としては、阿弥陀仏の頭上から足の裏にいたる順序で瞑想することを「順観」とよび、それが終われば、今度は足の裏から頭上へという逆順序の「逆観」を行うよう要求している。

そして、『観仏三昧経』を引用して、「順・逆」を反復すること、十六遍を経よ、と指示する。とくに、その終わりには、「相好」の瞑想によって得られる成果が紹介されている。

かくの如く心想をして極めて明利ならしめ、しかる後、心を住《とど》めて（「住」は一か所にとどめること）念《おもい》を一処に繋《か》けよ。かくの如くして、漸々《ぜんぜん》に（「漸」は少しずつ）舌を挙げて腭《はぐき》に向《むか》へ、舌をして政《ただ》しく（「政」は正しい）住《とどま》らしむること、二七日（十四日）を経よ。しかる後、身心《しんしん》、安穏《あんのん》なることを得べし。と。（岩波、一三二頁）

その上で、中国の浄土教の大成者である善導が、この瞑想を十六遍くり返したのちに、「白毫相《びゃくごうそう》」を観察せよ、心を乱すなかれ、と教えている一文を引用する。「白毫相」については、のちの「雑略観」のところであらためてとりあげる。

「惣相観」

「観察門」の第二は、「惣相観」である。それは、蓮華の台座からはじめ、その上に坐す阿弥陀仏のすがたを瞑想して観察する。前半は原文の読み下し文で、後半は要約で紹介しよう。

身の色（阿弥陀仏の身体の色）は百千万億の閻浮檀金《えんぶだんごん》（想像上にあらわれる最高級の金、赤黄色で紫焔気のある金という）の如く、身の高さは六十万億那由他《なゆた》恒河沙《ごうがしゃ》由旬《ゆじゅん》なり。眉間の白毫《びゃくごう》（白い巻き毛）は、右に旋りて婉転《えんてん》（まといからまる）せること五の須弥山《しゅみせん》の如く、眼は四大海の水の如くして、清白（「清」は澄む、「白」は穢れがない様）分明なり。身のもろもろの毛孔より光明を演《の》べ出《いだ》すこと須弥山の如く、円光は百億の大千界の如し。光の中に無量恒河沙の化仏《けぶつ》あり、一々の化仏は無数《むしゅ》の菩薩を以て侍者となす。かくの如く八万四千の相あり。一々の相におのおの八万四千の随好《ずいこう》あり。一々の好にまた八万四千の光明あり。一々の光明、遍く十方世界を照し、念仏の衆生を摂取して捨てざるなり。当《まさ》に知るべし、一々の相の中におのおの七百五倶胝《くてい》六百万の光明を具へ、熾然赫奕《しねんかくやく》（盛んに赫々と輝き）として神徳巍々《じんとくぎぎ》（気高い様）なること、金山王《こんせんのう》（仏の雄姿の譬え）の大海の中にあるが如く、無量の化仏・菩薩、光の中に充ち満ちて、おのおの神通《じんずう》を現じ、弥陀仏の囲遶《いにょう》（囲む）せるを。（岩波、一三一―一三二頁）

阿弥陀仏は、無量の功徳と相好をそなえて、菩薩たちの集会で教えを演説している。この時、行者は、すべての具体的な景色を見ることなく、目に溢れるのは、阿弥陀仏の相好のみとなる。そして、世界に遍満するのは、阿弥陀仏の光明のみで、その光明の照らさないところはない。行者がおのれのすがたを見るに、自己は、その光明に包まれ尽くしていることが分かる。

以上の文に、源信が注を付ける。

「已上は、観経・双観経《そうかんぎょう》・般舟経《はんじゅ》・大論《だいろん》等の意に依る。この観の成じたる後、楽《ねが》ひの随《まま》に次の観を作《な》すのみ」（岩波、一三二頁）

源信は、阿弥陀仏が「三身《さんじん》一体の身」であることを観察せよという。「三身」とは、「法身《ほっしん》」・「報身」・「応身」のことである。「法身」は、永遠不滅の真理そのもの、「応身」は、衆生再度のために歴史的世界に出現した人格身のこと。「報身」は、「法身」が真理そのもので人格をもたず、「応身」が具体的人格ではあるが、無常を免れない、という点を補うために構想された仏身である。具体的には、仏になるための因を修して仏になった身のことで、法蔵菩薩が阿弥陀仏になった、という物語はそれを示している。

源信が阿弥陀仏とその浄土を強調するのも、阿弥陀仏が「報身」であるからにほかならない。「報身」である阿弥陀仏は、「法身」でもあるのであるから、その「相好」はすべて「実相」なのである。したがって、「相好」は、「生ぜず滅せず」、「去・来もなし」、「一ならず異ならず」、「断・常にもあらず」ということになる。また、現象世界（「有為」）や現象を超越した世界（「無為」）のもろもろの功徳は、つねに「清浄」（「煩悩」をまじえていない）であり、真理そのものなのである。つまり、阿弥陀仏の一身を観察すれば、「三身」を観察したことになる、とする。具体的にいえば、阿弥陀仏の「相好」と光明を観察することが、ここでの瞑想の中心となっていることが分かる。

「雑略観」

第三は、「雑略観《ざつりやくかん》」である。源信がこのような修行方法をすすめるのは、ひとえに、「広き行に堪へざる者」のためである。

源信は、まず「白毫」を観察せよ、と教える。「白毫」は、すでにみたように、阿弥陀仏の眉間にある、巨大な白色の旋毛で右回りになっていて、八万四千の光明を発している。その光明は十方世界を照らし、「億千の日月の如し」という。そして、その光のなかに仏が現れ、無数の菩薩が取り囲んでいる。また、微妙な音が発せられていて、仏法が広められているのが分かる。ついで、記される。

かの一々の光明、遍く十方世界を照し、念仏の衆生を摂取《せつしゆ》して捨てず。我もまたかの摂取の中にあり。煩悩、眼を障《さ》へて、見ることあたはずといへども、大悲、倦《もの》うきことなくし

て、常にわが身を照したまふ。(岩波、一三四頁)

ちなみに、この一節は、親鸞の「正信念仏偈」に引用されている。「我亦在彼《がやくざいひ》摂取中《せつしゅちゅう》　煩悩障眼雖不見《ぼんのうしょうげんすいふけん》　大悲《だいひ》無《む》倦常照我《けんじょうしょうが》」(『真宗聖典』東本願寺出版部、二〇七頁)。

つぎに、源信は、「相好」を観察するに堪えないものがいるならば、その人は、つぎのようになせ、と教える。

　或は帰命の想に依り、或は引摂《いんじょう》の想に依り、或は往生の想に依りて、応に一心に称念すべし。(岩波、一三四頁)

岩波本の頭注によると、「帰命の想」とは、「本尊は東に向け、行者は仏に向ひて帰命する」ことであり、「引摂の想」とは、「本尊は西に向け、行者は仏の後に随ひて十万億国を過ぐるの念」を意味し、「往生の想」とは、「かの国に生じ已《おわ》りて、見仏聞法する等の念」をいう。「一心に称念すべし」の「称念」は、「南無阿弥陀仏」と唱えることだという解釈もあるが、「仏名を称し、祈念する」ことだという解釈もある(『日本の名著4　源信』、一八三頁)。「念」の意味は、源信においては、「観念」の「念」の意味が普通であり、のちの法然や親鸞のように、阿弥陀仏の名を称することと決めてはならない。

大切なことは、こうした思いを、日常生活のあらゆる時間において継続することであり、しかも、その思いは、「飢ゑて食を念《おも》ふが如く、渇して水を追ふが如く」することが求められている。その継続についても、一時も途切れることがないのはもとより、寝ても覚めても忘れるな、というきびしい注文がついている。

源信が、これほどに強く「念」の継続を要求するのも、人間の想像力の可能性を信じているからであろう。つぎの問答は、それをよくあらわしている。


問ふ。かの仏の真身《しんしん》は、これ凡夫の心力の及ぶ所にあらざれば、ただ応《まさ》に像を観ずべし。なんぞ大身を観ぜん。

答ふ、観経に云く、無量寿仏は身量無辺なり。これ凡夫の心力の及ぶ所にあらず。しかるに、かの如来の宿願力《しゅくがんりき》の故に、憶想することある者は必ず成就することを得。ただ仏の像を想ふすら無量の福を得。いはんやまた仏の具足せる身相を観ぜんをや。（岩波、一三五頁）

ここでいう「如来の宿願力」の「宿」は、「過去の」という意味。阿弥陀仏の前身である法蔵菩薩の時に発した願いの力、「宿願力」があるから、凡夫の一見たよりない「憶想」のはたらきであっても、実行力をもつ、というのである。「憶」には、心を一つに集中させて忘れない、という意味があるから、たんに心でいろいろ思うというのではなく、意志を以て集中するというはたらきが重視されている。

それにしても、寝ても覚めていても、常に阿弥陀仏を思い続けることは、容易なことではない。源信のいう「凡夫」には、意志の持続的継続が可能だという考えがふくまれていたのであろうか。

源信は、念を押す。初心の者も、その願いに応じて、「真身」（阿弥陀仏の本当の姿）を「観ずることを得」、と。私たちでも、阿弥陀仏の浄土への思い、願いがはっきりしていれば、その願いはかならず応じられる、という強い期待が源信を支えている。その信頼は、阿弥陀仏の「宿願力」に根拠をもっている。

「雑略観」という項目をたてることで、源信は阿弥陀仏の「宿願力」にあらためて光をあてることになったといえる。そして、その「宿願力」に対応するのが、私たちの「観念」の力、とりわけて集中力なのである。

源信が「雑略観」を提起したのは、すでにふれておいたように、「広き行に堪へざる者」、つまり、「浄土」に生まれるための、数多くの行を実践することができない者のためである。

そして、興味あることは、行者の実践が限られてくるにつれて、「宿願力」という、阿弥陀仏の側のはたらきの比重が増してくる、という点だ。

源信は、それを法然のように、「他力《たりき》」として明確に取り出すことはしていないが、人間の側の無力の自覚が、阿弥陀仏の「宿願力」への期待を生み出す、という構図はここでもしっかりと描いている。つまり、おのれの実践力の無力の自覚がなければ、「宿願力」への関心は生まれないということである。

4 「廻向」

「廻向」の意味

阿弥陀仏の浄土に生まれるための方法として、五部門を紹介するとあったが、その最後は「廻向《えこう》」がテーマである。

「廻向」という言葉は、今日でも日常語として使われている。葬儀や年回法要など、仏教儀礼を行って、死者の「成仏」を祈る行為をさしているが、それは、ここでいう「廻向」の意味ではない。では、源信がいう「廻向」の意味とはなにか。

だが、源信が「廻向門」のはじめに解説する「真の廻向」の内容が、いささか分かりにくい。そこで、源信が引用する世親の『往生論』（普通は『浄土論』ということが多い）では、「廻向」はどのように述べられているのか。そしてそれに注釈を加えた、曇鸞《どんらん》の『浄土論註』ではどのように説明されているのか、にさかのぼって、「廻向」の意味を確認しておきたい。というのも、源信もまた、彼らの教説にしたがっているからである。

『往生論』では、「一切苦悩の衆生を捨てずして、心に常に作願す。廻向を首と為して、大悲心を成就することを得たまえるが故に」、とある。

曇鸞の『浄土論註』では、この個所をつぎのように解釈する。現代語訳でいうと、「すべての苦悩する衆生をみすてず、心につねに（共に安楽国に生まれたいとの）願いをなすのである。（自らいただいた実《まこと》の如《まま》の功徳を、生きとし生けるものに）廻らし向けることを首《かなめ》として、大悲の心を実現せんがためのゆえである」（『解読浄土論註』巻下、二四―二五頁。東本願寺）。

曇鸞は、つぎに、「廻向」の具体的なすがたとして、おのれの功徳を他者に廻らして、共に浄土に生まれようとする一方、浄土に生まれ終わって、生死の世界にもどり、衆生を教化して、共に仏道に向かわしめる、という二面があることに言及している。

源信もまた、これらの先人たちの「廻向」論を踏まえて、「廻向」とは、おのれの手にした善行や功徳を、自己の往生のために役立てるだけではなく、それらを転じ、廻らせて、他者が悟りに達することができるようにすることだと、解釈している。それが、「真の廻向」の意味にほかならない。

源信の定義

源信によると、「真の廻向」には、つぎの五つの意味がそなわっているという。一つは、一切の善行（功徳のもと）を集めていること。二つは、「悟り」という究極の智慧（「薩婆《さば》若《にゃ》」）をいつも意識していること。三つは、一切の善行は、自分が私蔵するのではなく、一切衆生と共通のものとすること。四つは、これらの善行を「悟り」に向かわしめること。五つは、善行の内容として考えられる布施についていえば、布施する人、布施を受ける人、布施の内容、のいずれについても、固定的、実体的に考えてはならない。つまり、「諸法実相」という考えに立っていなければならない、ということ（岩波、一三八頁）。

その上で、源信は、つぎのように、心にも思い口に出して称えるのがよいと、勧める。「手にした、またこれから手にするであろう善行のすべてを、一切の衆生に向けて、彼らを等しく利益し、罪を滅し、善を生じて、共に極楽に生まれ、「普賢菩薩《ふげんぼさつ》の行願《ぎょうがん》」を速やかに実現して、自他ともに悟りを得て、未来のかぎりを尽くして衆生を利益し、その功徳を真実の世界(「法界」)に廻らせたい」、と。なお、「普賢菩薩の行願」については、本書、二〇五頁をみてほしい。

このあと、原文では、引き続き「大菩提に廻向するなり」という一文がある。源信は、その一文について、それは勤行のための文だと説明している。つまり、『往生要集』にある文章は、時に勤行用に使用されていたこともある、ということだろう。『往生要集』が念仏結社の「指南書」であったといわれる所以である。

頑魯と廻向

「廻向門」の最後は、つぎの問答をもって閉じるのであるが、源信の心の内を見る思いがする。

問ふ。有相《うそう》の廻向には利益なきや。(岩波、一四二頁)

「有相」は、「無相」に対応する言葉で、形の見える現象世界のこと。そこから、ものごとに執着する心をいう。つまり、問いの意味は、執着心をもったまま、「廻向」してみても、利害打算がはたらいて、「廻向」のめざすところは実現しがたいのではないか、という質問である。これに対して、源信はつぎのように答えている。

答ふ。（中略）勝劣ありといへども、なほ巨益《こやく》あり。（中略）小因の大果、小縁の大報といふことあり。仏道を求めて一偈《いちげ》を讃じ、一たび南無仏と称し、一捻《いちねん》の香を焼くに、必ず仏と作ることを得るが如し。なんぞいはんや、諸法の実相は不生・不滅にして、不生にもあらず、不滅にもあらずと聞き知りて、しかも因縁の業を行ずれば、また失はざるなり。と。（岩波、一四二頁）

私たちが「廻向」するとしたら、自分のエゴの要求、好み、判断を抜きにして実践されることはない。源信は、だから、そのような「廻向」は無意味だとはいわない。むしろ、「諸法実相」という真実のあり方からいっても、私たちの、自己への執着に色づけられた「廻向」の仕方にこそ、意味があるといわねばならないのではないか、という。

「廻向」という思想は、いわば浄土仏教の成立の根拠にかかわる。阿弥陀仏の名を称え、阿弥陀仏の国に生まれることを願うということが、善悪を超えて、私の成仏の不可欠の条件になるのはどうしてなのか。それにこたえるのが、「廻向」の考え方であろう。

「廻向」は、のちに法然や親鸞の時代になると、その主体が阿弥陀仏となり、人間が浄土に生まれるために、いかなる「廻向」を試みる必要もなくなる。すべて、阿弥陀仏の方から「廻向」される、と考えられるようになる。

源信は、まだ、そこまでは主張しない。「小さな因であっても大きな果が得られることもあれば、ちょっとした縁がはたらいて大きな報いをうけることもある」（「小因の大果、小縁の大報といふことあり」岩波、一四二頁）ということを知った上で、つまり、人智を超えた不思議に共感する力があって、なおかつ、「諸法実相」という教えを聞いておれば、どんな人間であっても、彼らに因縁がある「廻向」という行為にもまた、意義があるのではないか、と励ましているのである。

この結論は、「廻向門」のはじめにおかれている、厳粛な「廻向」の五つの決意に比べると、距離があるように思われる。だが、現実の人間の心理に即するならば、きわめて現実的で理解しやすい説明ではないか。それは、ちょうど、「観察門」の個所で、「観察」が難しければ、称名でもよい、と述べるくだりとも共通している。

もっといえば、「予が如き頑魯な者」という自己認識が、いたるところで、この書のいわば「執拗な持続低音」（丸山眞男『歴史意識の「古層」』）をなしているのであろう。

源信自身もまた、「この文は深妙なり。髻中《けいちゅう》の明珠《みょうじゅ》（髻のなかに隠されているという宝珠）なり。則ち知んぬ、我等の成仏、疑なきことを」と、「廻向門」を結んでいるのである。

第四章
念仏の助けとなる方法（「大文第五」）

1 「観念」の助け

大文第五「助念の方法」のはじめは、つぎの一文からはじまる。

一目《いちもく》の羅《あみ》は鳥を得ることあたはざれば、万術もて観念を助けて、往生の大事を成ずるなり。（岩波、一四三頁）

「一目の羅」とは、一つの目しかない網のこと。「万術」は、いろいろな手段・方法。「観念」は、仏と浄土をイメージすること。「観察」と「念仏」。目が一つしかない網では、鳥は捕まえられない。同じように、「往生」（浄土に生まれる）を成就するためには、様々な方法を使って、「観念」（瞑想によって、仏と浄土をイメージする）を助け、支えねばならない。

法然や親鸞の仏教に親しんできた人には、この考え方には違和感を覚えるであろう。というのも、法然は、本願念仏はそれ自体で自立していて、助けは不要だと宣言しているからである。法然の本願念仏が、「専修念仏」といわれる所以である。ただ、法然がなぜ念仏それ自体に完全な価値を見いだしたのか、その背景を知るためにも、この「大文第五」に説かれる「助念の方法」は意味がある。いや、源信が「観念」の助けとしてなにを説いたのか、を知ることは、「専修念仏」の本質を知るためにも重要なステップといえよう。

また、ここで源信が強調しているのは、「観念」であって、「称名」といっても、それは、「観察」（観想）という、瞑想を助ける「称名」なのである。

では、源信は、「観念」の助けとして、どのような方法を提案しているのだろうか。一つは、念仏をする際の方角と場所、供え物と道具（「方処供具《ほうしょくぐ》」）、二つは、修行のすがた（「修行の相貌《そうみょう》」）、三つは、怠け心をコントロールすること（「対治懈怠《たいじけだい》」）、四つは、悪をやめて善を成すこと（「止悪修善《しあくしゅぜん》」）、五つは、もろもろの罪を懺悔すること（「懺悔衆罪《さんげしゅざい》」）、六つには、「悪魔」の妨害を退治すること（「対治魔事《たいじまじ》」）、である。

環境を清める

第一の「方処供具」については、およそつぎのようにいう。自身と修行の環境を清める。そのために、静かなところを選び、相応の香、花、供物を用意せよ。もし、花や香が足りなければ、ひたすら仏の徳と威力に思いをいたせ。もし、仏像を飾るのであれば、燈明が必要となる。また、西方に向かって、仏を瞑想して念仏する時には、暗い部屋であってもよい。お香や花を供える際には、経典の指示どおりにせよ。煩悩もおのずと弱くなろう。もし、念珠を用いるのなら、浄土を求める場合には、ムクロジの実を用いよ。功徳を求めるなら、菩提樹の実、さらには水晶、蓮の実がよい。

「四修」

第二の「修行の相貌《そうみょう》」とは、具体的には「四修《ししゅ》」をいう。「四修」とは、一つは「長時《じょうじ》修《しゅ》」（悟りを得るまで、あるいは死ぬまで念仏を続けること）、二つは「慇重修《おんじゅうしゅ》」（浄土の仏・法・僧を尊重して念仏する）、三つは、「無間修《むけんしゅ》」（常に念仏して往生の心を常に発《おこ》す）、四つは、「無《む》余修《よしゅ》」（他の行をまじえない）である。

「四修《ししゅ》」の説明として源信が一貫して用いているのは、中国の浄土教思想家・善導の文である。「長時修」については、善導の「畢命《ひつみょう》（生命の終わり）を期となし、誓ひて中止せざれ」を引用し、「慇重修」については、木が倒れるときには、枝の先が曲がった方角に倒れるように、人も極楽のある西に向くのがよい、もし西に向けないときには、その想いだけでもよい、という一文を引く。「無間修」については、貪欲や瞋恚《しんい》の心を発して念仏を中断するな、等の文を引き、「無余修」では、「専らかの仏名を称し、かの仏及び一切の聖衆《しょうじゅ》等を、専ら念じ、専ら想ひ、専ら礼《らい》し、専ら讃へて、余の業を雑《まじ》へざれ」（岩波、一四四―一四五頁）を引用する。

とくに、このあとに設けられた問答では、「四修」の実践の際の用心をとりあげて、善導の「三心《さんしん》」を紹介する。

「三心」とは、『観無量寿経』に出てくる、「至誠心《しじょうしん》」、「深心《じんしん》」、「廻向発願心《えこうほつがんしん》」である。その内容は、つぎのとおり。「至誠心」は「礼拝《らいはい》」や「讃歎《さんだん》」、「念観《ねんかん》」の三部門の実践には不可欠の真実心のこと。「深心」とは、自分が煩悩具足の凡夫であることを深く信じ、その自分のために阿弥陀仏の本願のあることを信じて、一念の疑いもなく、称名すること、である。「廻向発願心」とは、自分がつくるところの一切の善をすべて浄土に廻向すること、である。

さらに源信は、「深心」に関して、『涅槃経』から、仏の悟りを得るためには、「信心」が一番大事だという意味の文章を引用している。これは、のちに法然や親鸞に引き継がれる重要な点でもある。

また、源信は、つぎのような問答も設けている。

問う。念仏の行者がいつも「往生」を思い計らうすがたは、なにに譬えられるか。

答える。『安楽集』（唐の道綽撰）には、つぎのように述べられている。荒野で賊に襲われたとせよ。逃げようとすると、河がある。河を渡らねばならないが、河につく前に、服を着たまま渡河するのがよいのか、服を脱ぐ方がいいのか、等々、思いを巡らす。つまり、そのときは渡河の方法だけが心を占めていて、ほかの思いが交ることはない。念仏の行者も、同じように、ただひたすら阿弥陀仏を念じるだけ。称名も同じ。専ら、継続して断つことがなければ、仏前にかならず生まれることができよう、と。

また、つぎのような問答もある。

問う。念仏三昧というが、ただ心のなかだけで念ずるのか、口に出して唱えるのか。

答える。両方を共に。「唱」と「念」と相い継いで、休んではならない。「唱」にせよ「念」にせよ、ひたすら、阿弥陀仏を思うだけである。大事なことは、声に出して阿弥陀仏を称すること、しかも声を励まして念仏すること、である。小声では、心が散りやすい。

2　怠け心への対処

「念仏の助けになる方法」の第三「対治懈怠《けだい》」について。「対治」は「退治」と同じ。煩悩などの障碍《しょうがい》を減じること。「懈怠」は、「精進《しょうじん》」（ひたすら仏道に励むこと）に対する言葉で、怠けること。

はじめに源信は、つぎのように記す。

行人《ぎょうにん》（行者のこと）、恒時《ごうじ》に勇進することあたはず。或は心蒙昧《こころもうまい》となり、或は心退屈（くじけること）せん。その時、応《まさ》に種々の勝（すぐれた）事に寄せて自心を勧励すべし。或は三途（地獄・餓鬼・畜生の「三悪道」）の苦果を以て、浄土の功徳に比して、応にこの念を作すべし。「我已に悪道にして多劫《たごう》を経しに、無利の勤苦《ごんく》すらなほ能く超えたり（なんの利益にもならないことに勤め苦しみ、それにうち勝ってきた）。少行（わずかの行）を修行して菩提の大利を得んには、応に退屈を生ずべからず」と。（岩波、一五〇頁）

さらに文を重ねる。

或は浄土に往生する衆生を縁じて（思いをはせて）、応にこの念を作すべし。「十方世界のもろもろの有情、念々に安楽国に往生す。彼既に丈夫《じょうぶ》（正道を歩む勇気あるもの）なり。我もまたしかり。自《みずか》ら軽んじて（卑下して）、退屈（くじける心）を生ずべからず」と。（岩波、一五〇頁）

源信の、右の引用の意図は、往生のための行を励むことができず、怠け心が生じたときには、人間に生まれる前の苦しい時代にも、なんの利益にもならないことに苦しみ、努力をしてきたことを思え、という。そうすれば、わずかの努力で、今度は浄土に生まれるという楽しみを手にできるのだ、と励ます。また、数えきれない人々がこの瞬間にも、浄土につぎつぎと生まれていることを思えば、自分だけが怠けているのも恥ずかしいではないか、とも励ます。

その上で、源信は、行者が阿弥陀仏の不可思議な功徳を頼むのも有益な方法だとして、その方法を二十項目にわたって紹介している。この一節は、『往生要集』のなかでも、きわめて長い。源信の力のこもった一節であり、源信が一人でも多く、浄土を求める同行が増すことを、熱烈に願っていることがよく伝わってくる。では、二十項目を順に見ていこう。

不可思議な功徳

第一に、阿弥陀仏の本願を思え。阿弥陀仏は、観音・勢至とともに、四十八の誓願の船に乗り、生死の海をわたって、この娑婆世界に着き、衆生を呼び寄せて、その船に乗せ、西方極楽に送り届けるのである。もし、衆生がその招きに応じて、願船に乗るならば、例外なくすべてこの娑婆世界を去ることができるのである。

だからこそ、まさにつぎのように念ずるのがよい、と源信はすすめる。「我、いづれの時にか、悲願の船に乗じて去らん」と。

第二に、名号の功徳を思え。仏の名がどうしてつくられたのか。それは、説きつくすことができないが、『華厳経』には、まだ「菩提心」を発していないものでも、一度仏名を聞くだけで悟りを得ることができる、とある。だから、つぎのように念ずるのがよい。「我、今既に仏の尊号を聞くことを得たり。願はくは、我当《まさ》に作仏して十方の諸仏の如くなるべし」、と。

第三に、仏の相好の功徳を思え。仏の髪の毛一筋、眉間の白毫、その音声にいたるまで、その功徳は、はかり知ることができない。だから、つぎのように思え。「願はくは、我当《まさ》に仏の無辺の功徳の相を見たてまつらん」」、と。

第四に、阿弥陀仏の光明の功徳を思え。その光の不思議なはたらきは、経典に詳しい。たとえば、衆生がその光明の功徳を聞き、日夜その光明を褒め称えれば、浄土に生まれることができる、とある。

また、源信は『譬喩経《ひゆきょう》』(短い比喩を集めた経)から、つぎのような話を引用する。仏滅後百年、阿育王《あいくおう》という人物がいた。彼は人々が釈尊の教えを信じていることが不思議で、釈尊を実際に見たという人物をさがす。そこで、一人の尼が登場した。王は彼女を訪ねて、釈尊のことを聞く。尼僧がつぎのような話をする。私がまだ八歳であった頃に、釈尊が王宮に来られた。私は進み出て礼拝した、そのとき頭にさしていた簪《かんざし》を落とした。しかし、探しても見つからず。釈尊がお帰りになってそのわけが分かった。釈尊の足跡が光り輝き続けていて、それは七日経てやっと消えたが、その光が輝いている間は、簪もその光のなかにあって見つからなかった。それほどに、釈尊は特別の人であった、と。王はこの話を聞いて悟りにまでいたった。

だからこそ、つぎのように念ぜよ。「願はくは、仏の光、我を照して、生死の業苦を滅せしめたまへ」と。

第五に、仏が一切の害を蒙《こうむ》らないということを思え。経典には、世界が崩壊するときに吹く猛烈な風は、山々をも塵《ちり》に変じるというが、その風は仏の髪の毛一筋も動かすことができないといわれている。ほかに、仏を害しようとしても、一切不可能だという。それは、仏が不殺生の法を成就したからだ、という。だから、まさにつぎのように念ぜよ。「願はくは、我当《まさ》に仏の金剛不壊《ふえ》の身《しん》を得べし」と。

　第六に、仏が「飛行《ひぎょう》自在」であることを思え。仏は、思いも及ばない広大な大空で、行住坐《ざ》臥《が》すべてにわたって自由自在である。この神通力を以て、来るも去るもなくして、自在に法を説く、という。だから、つぎのように願え。「願はくは、我、神通を得て、もろもろの仏土に遊戯《ゆげ》（仏国から仏国への移動が自在であること）せん」、と。

　第七は、仏の神力無碍《むげ》の功徳を思え。たとえば、仏は無数の世界を粉にするが、また元どおりにすることもできる。世界を金や銀になしたり、世界の大海を牛乳に変じることができる。だから、つぎのように念じてみよ。「我、今もまた知らず、仏の神力の為に転ぜられて、いづれの仏土《ぶつど》にかあり、誰の毛孔《もうく》にかあるを。我いづれの時にか、これを覚知することを得ん」と。

　第八に、仏が対象に応じて姿を変え、現れることができることを思え。たとえば、『華厳経』には、仏の身は宇宙を尽くしていながら、しかもこの座を離れずに、一切のところに遍《あまね》くあることができる、とある。だから、つぎのように念ぜよ。「願わくは、私もまた宇宙にあまねく満ちている仏身を見たい」、と。

第九に、仏が「天眼明徹《てんげんみょうてつ》」であることを思え。世界の見え方は、その人の天眼の能力による。諸仏は「無量無辺不可思議の世間を見、またこの中の衆生の生時と死時を見たまふ」。だから、つぎのように念ぜよ。「今、阿弥陀仏は、はるかに私の行動を見ておられるであろう」、と。

第十に、仏が自在に声を聞き分ける力をもっていることを思え。仏は、たとえば、一例だが、三千大千世《さんぜんだいせんせ》界《かい》の衆生が一時に言葉を発し、また一時に百千種の伎楽を演奏しても、意のままに能く聞くことができる。だから、まさにつぎのように念ぜよ。「今、仏は私の言葉（「語業《ごごう》」）を聞いておられるに違いない」、と。

第十一に、仏が「知他心智」（他人の心を知る智慧）をもっていることを思え。たとえば、仏は、すべての衆生の心を、それが前世であろうが、現世であろうが、未来であろうが、瞬時に明らかに知る力がある。だから、つぎのように念ぜよ。「今、阿弥陀仏はかならず私の心の動き（「意業《いごう》」）をお知りになっているだろう」、と。

第十二に、仏が人の前世のありようをことごとく知る智慧（「宿住随念智《しゅくじゅうずいねんち》」）をもっていることを思え。仏は、たとえば、人がどこで生まれ、その姓名、好きな食べ物、衣食住の様、資産、生活の苦楽、等々、即座に知ることができるのである。だから、つぎのように念ぜよ。

「願はくは、仏、わが宿業《しゅくごう》をして清浄ならしめたまへ」、と。

第十三に、仏には「智慧無碍《ちえむげ》」の功徳がある。たとえば、無数の世界からあらゆる草木を採り、それらを焼いて墨をつくり、それらを無数の世界にある大海に摺《す》りこんで、大海を墨汁に変えたとしても、仏は、墨汁の大海から、一滴ずつをとりだし、もとの世界のどの草木、どの根、どの茎や花、実、葉であったかを見分けることができる。だから、つぎのように念ぜよ。「阿弥陀仏は、私の三業（身・口・意のはたらき）を明らかに見ておられるにちがいない。願わくは、仏のように「慧眼《えげん》第一浄」（一切を見通す清浄な智慧の眼）を得られますように」、と。

第十四に、仏は、よく煩悩をコントロールする力（「能調伏心《のうじょうぶくしん》」）をもっている。たとえば、仏は、瞑想に入っていようがいまいが、一つの対象に心を向けておこうと思うならば、いつまでも、自由に留めおくことができる。また、仏の平常心は、仏が許さないかぎり、他者は知ることができない。だから、つぎのように念ぜよ。「願わくは、我をして仏のような悟りの境地を得しめたまえ」、と。

第十五に、仏は、いつも智慧の安らぎに住している（「常在安慧《じょうざいあんえ》」）。たとえば、仏は安穏にして常に不動の境地にある。どうして、それが可能なのか。それは、いつも先を知って、それから行動するからだ。心の対象に応じて、自在に動くことができて、動揺という動揺はすべて超越している。だから、つぎのように念ぜよ。「願わくは、わが、粗《あら》くてばらばらな知覚や観察力（「麁《そ》動《どう》なる覚観の心」）を除滅したまえ」、と。

第十六に、仏には「悲念衆生《ひねんしゅじょう》」の功徳がある。たとえば、仏は、一昼夜にそれぞれ三度ずつ、一切衆生のなかで、救いを必要とする者をみそなわして、時を失うことがない。あるいは、稚魚は母魚の世話がないと、爛壊《らんえ》するように、衆生も、仏の思いがなければ、「善根《ぜんこん》」（正しい行いを求める心）が壊れてゆく。だから、つぎのように念ぜよ。「阿弥陀仏は常にわが身を照らし、わが善根を護念し、私が教えを受ける機会を見ておられる。その機会が熟すならば、即刻、浄土に迎えとってください」、と。

第十七に、仏には「無碍弁舌《むげべんぜつ》」（よどみなく教えを説く力）の功徳がある。たとえば、人の説法には、かぎりがあるが、仏の説法は、外道や邪見の者、竜や夜叉《やしゃ》、仏の言葉を理解できない者までもが、教えを理解する。その上、教えを聞いた者もまた、同じように説法できる力が生まれる。だから、つぎのように念ぜよ。「私も、いつか、仏の説法を聞くことができますように」、と。

第十八に、「観仏法身《かんぶつほっしん》」の功徳を思え。「法身」は、三身の一つで、「真理」そのもの。『大《だい》般若波羅蜜多経《はんにゃはらみったきょう》』にある文殊師利《もんじゅしり》菩薩の言葉が引用されている。およそつぎのように、述べられている。「真如《しんにょ》の相は、動くこともなく、作《な》すこともない。分別することもなく、しかも分別と異なることもない。有にあらず無にあらず、常《じょう》にあらず断《だん》にあらず、生《しょう》なく滅《めつ》なし、去らず来たらず等々、言葉を超えた境地である。この相こそ、一切衆生をよく救済し、喜びを与えることになるのである」、と。

あるいは、『占察経《せんさつきょう》』から、つぎの一文を引用する（趣意）。『占察経』は、末世に生きる者たちに、地蔵が過去世の善悪の結果を占いで知る方法を教える、という。中国人の仏教受容の内容を知るための資料ともいう。「一切は、仏も凡夫もふくめて、不生不滅《ふしょうふめつ》である。煩悩も苦患《くげん》もない。それが真如というもの。なぜならば、心が発《おこ》す分別はすべて幻のようなもので、真実ではない。世界は、区画できるものではない。ただ、衆生が無明《むみょう》（愚かさ）のなかで因縁にからまれて勝手に迷いの世界をつくっているだけのこと。しかもそこに執着を発す。心は本来ないものだということが分からないから、自分のものとか自分の場所だとか、いろいろ考える。いずれも誤った考え方による」、と。

この一文の引用について、源信は「この道理を信じて理解することが菩薩の最初の根本的な仕事だ」と注を付けている（岩波、一六九頁）。

その上で、つぎのように念ぜよとすすめる。「我、いづれの時にか、本有《ほんぬ》の性《しょう》を顕《あらわ》すことを得ん」（岩波、一六九頁）、と。「本有」とは、本来そなえている、ということ。「性」とは、真如の姿。私もいずれの日にか、真如法性《しんにょほっしょう》を体得してみせよう、と願うのである。

第十九に、阿弥陀仏の功徳が不可思議で、説きつくすことなどできないということを思え、という。龍樹の言葉を引いていう。「仏の功徳は、はかることができない。空の広さを人間の尺度ではかろうとしても、はかることができないようなものなのだ」、と。その上で、つぎのように念ぜよとすすめる。「願わくは、私も仏になって、阿弥陀仏と同じようになりたい」、と。

第二十には、「欣求教文《ごんぐきょうもん》」の功徳を思え。『無量寿経』には、およそつぎのように述べられている。「たとえ大火が世界中に満ちても、これに堪えて、この教えを聞け。そのわけは、多くの菩薩もこの経を聞こうとしても聞くことができないからだ。もし衆生であってこの経を聞くことができた者は、悟りに達して退歩することはもはやない。だから、この教えの通りに、修行せよ」、と。だから、つぎのように念ぜよ。「世界がすべて大火に襲われても、あるいは億劫という気の遠くなるような時間を経ても、法を求めねばならない。私はすでに深い三昧にたまたま出あっているのである。どうしてここで退屈して修行を怠ることなどできようか」、と（岩波、一七二頁）。

以上に関して、源信は、およそつぎのように行者に求める。「行者よ、ここに述べたことがらの多少にかかわらず、意志に任せて思い発すがよい。もし、憶念することができなければ、書き物をひろげて文言に接し、「決択《けっちゃく》」（疑いを断ち、道理に納得すること）し、あるいは、その文言を唱え、あるいは恋慕し、あるいは礼拝せよ。近くは、心を励ます手立てとなり、遠くは、仏をまのあたりに見る因縁となろう。およそ、身・口・意のはたらきにおいて、また、行住坐臥、仏の境界を忘れてはならない」（岩波、一七二頁）、と。

「問答」

その上で、つぎのような問答を設ける。

問う。このような功徳を信じて、忘れないならば、どのような利益があるか。

答える。阿弥陀仏の智慧や功徳、不可思議な境界を信じることは、種々の供養の効果をはるかに超えて、無量の功徳を得るであろう。

ここで、源信は、『華厳経』からつぎの偈を引用して、わざわざ「信心」の価値を強調する。「如来の自在力《じざいりき》に遇うことは、きわめて難しい。しかし、もし一度でも自在力を信じる心がおこれば（「一念の信を生ずれば」）、速やかに究極の悟り（「無上道」）を得ることができるであろう」、と。

ちなみに、源信以降の浄土教の歴史において、ここにふれられた「一念の信」が大きな役割を果たすことになる。

また、問う。凡夫は、念仏を修していても、心は散る。どうすれば、常に阿弥陀仏を念じる心を発すことができるのであろうか。
この問いに対して、源信が用意する答えは、凡夫の自覚をもつ行者に、励ましとなったのではないか。原文を紹介しよう。

彼もし直爾《じきに》に（ただちに）仏を念ずることあたはずは、応《まさ》に事々に寄せて、その心を勧発すべし。謂く、遊戯《ゆげ》・談咲《だんしょう》の時は、極楽界の宝池・宝林の中に於て、天人・聖衆《しょうじゅ》とともに、かくの如く娯楽することを得んと願へ。もし憂苦《ゆうく》の時は、もろもろの衆生と共に、苦を離れて極楽に生れんと願へ。もし尊徳（身分のある者や徳の高い人）に対すれば、当《まさ》に極楽に生れて、かくの如く世尊に奉《つか》へんと願ふべし。もし卑賤を見れば、当に極楽に生れて、孤独の類を利楽《りぎょう》（利し、楽しませる）せんと願ふべし。およそ人畜《にんちく》を見るごとに、常に応にこの念を作すべし、「願はくは、この衆生と共に安楽国に往生せん」と。もし飲食《おんじき》の時は、当に極楽の自然《じねん》微妙《みみょう》（ひとりでに得られる美味）の食を受けんと願ふべし。衣服《えぶく》・臥《が》具《ぐ》、行住坐臥、違縁《いえん》・順縁（心にそわないこと・そうこと）、一切准じて知れ。（岩波、一七三頁）

「事々に寄せて」、願いを発すということは、『華厳経』などに基づくとしているが、この態度は、源信自身の実践の眼目でもあったのであろう。

そうした経験をふまえていればこそ、源信は、阿弥陀仏を念じ続けることが難しい人々に対して、生活のちょっとしたきっかけを利用して、阿弥陀仏のことを思うようにしてほしいと、切々と訴えることができたのである。

それにつけても、思い起こすことがある。それは、『徒然草』に引用されている法然の言葉である。一つは、念仏をしている最中に、眠くなるのだが、どうすればよいのか、という質問である。これに対して、法然は、目が覚めたらまた念仏すればよいではないか、と答えたという。二つは、往生は、定まったと思ったら定まったのだ、定まっていないと思えば定まっていないのだ、という言葉であり、三つは、疑いながらも念仏すれば往生できる、という言葉である。兼好法師は、法然の、いずれの言葉に対しても、「いと尊かりけり」、「これも尊し」、「これも又尊し」と感想をつけている(「第三十九段」)。

これらの法然の言葉には、源信のいう人間の側からの努力に比べると、阿弥陀仏の救済のはたらきかけへの全幅の信頼があふれていて、感動を禁じ得ない。「自力」と「他力」という、両者の立場の違いはあっても、求道の至り着いた姿がうかがわれて、心うたれる。

3 「止悪修善」について

「念仏の助けになる方法」、第四として「止悪修善」(悪をやめて善を成すこと)があげられる。源信は、念仏三昧が成就されるためには、つぎの五つの因縁が熟さねばならないという。一つは、戒律を守ること。二つは、邪見を起こさないこと。三つは、驕慢《きょうまん》にならないこと。四つは、怒らず妬まないこと。五つは、精進すること。

それぞれについて、諸種の経典、論書から関連の文が引用されて、詳しい解説がなされるが、私は、その後に設定されている問答に注目したい。なかでも、「妄心」をいかにコントロールすればよいのかについての言説は、明らかに源信自身の経験が踏まえられていて、共感するところが多い。大意をとりながら、見てみよう。

妄心をコントロールする

問う。善いことをしようという気持ちが怠りがちになるのは、私たちが人間として生まれてきて初めて学ぶことだからであり、「妄心《もうじん》」(煩悩にけがれた心)は抑えようとしても、また厭《いと》えども、しきりに起こってくるのは、過去に久しく習ってきて身についているからだ。

では、どうすれば（「何の方便を以てか」）「妄心」を直すことができるのか。

答える。その方法は一つではない。とりあえず三つの方法を教えよう。一つ、意気消沈していて、心のはたらきが鈍いときには（「沈惛闇塞《じんこんあんそく》の障」）、「応仏」を観念せよ。二つ、悪念や邪見が生じるときには（「悪念思惟《あくねんしゆい》の障」）、「報仏」の功徳を念ぜよ。三つ、対象に縛られて圧倒されるときには（「境界逼迫《きょうがいひっぱく》の障」）、「法仏」を念ぜよ。


ここで「仏」のあり方として、「応《おう》」、「報《ほう》」、「法《ほう》」の三種が提案されているが、これは、さきにも紹介しておいたように、「仏」をイメージする際の三つのレベルのことであって、「応」は、衆生を教化するために人間のすがたをとってあらわれた仏のこと、衆生に応じたすがた。「報」は、仏になるための因としての行を蓄積して、その報いとして仏になったという相。法蔵菩薩を前身とする阿弥陀仏は、「報」仏である。「法仏」の「法」は、真理それ自体で、私たちには認識できる直接の手がかりはない。


はじめの「沈惛闇塞の障」に対して、「応仏」を瞑想せよ、とは、どういうことなのか。

それは、仏の相好に三十二相があるという紹介があったが、そのうちの一つ、あるいは、白毫を選んで、目を閉じて瞑想せよ、ということ。もし、その姿をはっきりとつかまえることができなければ、厳かな仏像を見て、その相に心を集中して瞑想に入れ。うまくゆかなかったら、なんどもくり返せ。そのうちに心眼が開いてきて、暗い閉塞した気持ちも破られるであろう。

第二の、悪念や邪見が生じるという「悪念思惟の障」を破るために「報仏」の功徳を思え、ということはどういうことか。「報身仏」、具体的には阿弥陀仏のことだが、その本質は利他にある。利他の慈悲は、悪のすべてを善に転じる。この「報仏」のはたらきを思え、というのである。善はよく悪を破ることができるからだ。悪心は、善心のなかにあるとき、みずからの卑しさを恥じて（「鄙恥《ひち》」）おのずから消えてしまう、という。

第三の「境界逼迫の障」を破るために「法仏」を思え、とはどういうことか。「法仏」の特質は、形も色もなく、空々寂々、無為そのものだという。無為だとすれば、境界というものはありようがない。ないものが圧迫することはない。この人に、仏の三十二相のいずれかを瞑想せよというならば、かえってその相の境界に悩むことになろう。「空」を観じて、相を破ることができれば、境界は除かれるのである。ただし、この境涯は、言葉で了解できても、実践はきわめて難しいであろう。

心を師とせず心の師となれ

ここで源信は、個別の煩悩を除く方法は、これで可能だが、さらに、煩悩を一般的に除くための方法を三つ付け加える。

その第一は、煩悩が起こる原因をはっきりさせて、その心を驚かして目覚めさせ、煩悩をしかりつけること、だという。

その第二は、「四句を用て、一切の煩悩の根源を推求《すいぐ》せよ」（岩波、一八三頁）という。「四句」とは、肯定と否定を用いて、思考を整理する方法で、たとえば、有と無では、①有る、②無い、③有るとともに無でもある、④有るのでもなく、無いのでもない、の四種。

つまり、この煩悩は、心から生じているのか、なんらかの間接的条件（「縁」）から生じているのか、あるいはその両者から生まれているのか、あるいは、その両者とは無関係なのか、ということを検討せよ、という。

もし心から生じているのならば、対象は問題にならない。「亀の毛」、「兎《うさぎ》の角」の類となって、ありもしないことに執着して生じていることになり、道理に合わないことになる。

では、煩悩が対象だけから生じているとすれば、心のはたらきは関係がないのだから、心を休ませておけばよい。

もし、心と縁が同時にはたらいているのならば、二つが一緒になる以前を思え。そうすれば、心にも縁にも煩悩はないのだから、一緒になったからといって煩悩が生じていることにはならない。たとえば、砂を二粒合わせたからといって、油が生じるだろうか。

また、心とも縁とも無関係に煩悩が生じているとしたら、それは誤解でしかない。このように、煩悩は多くの場合、実際には生じていないのである。みな「幻有《げんう》」なのである。「惑心」（煩悩のこと）のみならず、「観心」（三昧に入っている心）もまた「幻有」なのである。だから『心地観経《しんじかんぎょう》』には、つぎのように記されている。「心地」とは、人々に本来具わっている真心を大地に譬えていう言葉。

かくの如き心法《しんぽう》（対象をとらえて思いはかること）は本より有《う》にあらず　凡夫は執迷《しゅうめい》して無にあらずと謂ふ　もし能く心の体性《たいしょう》（本性）の空なることを観ずれば　惑障《わくしょう》生ぜずして便《すなわ》ち解脱す（岩波、一八三頁）

また、龍樹の『中論《ちゅうろん》』（「空」の論理を説く）の第一偈からつぎの一文を引用して、「四句」の思考方法を推薦する。

諸法は自《じ》より生《しょう》ぜず　また他よりも生ぜず　共《ぐ》にもあらず無因にもあらず　この故に無《む》生《しょう》なりと知る（同前）

「妄心」（煩悩にけがれた心）をいかに克服すればよいのか、その第三の方法は、つぎとおり。私の迷いの心にある八万四千の煩悩と、阿弥陀仏の八万四千の智慧のはたらきは、「空」からいえば、一つに融け合っている。つまり、貪欲も、瞋恚《しんい》、愚痴もそのまま「道」なのである。たとえば、水と氷のように、その本性は同じなのである。だから、経には、「煩悩と菩提とは体《たい》二なく、生死と涅槃とは異処にあらず」といっている。

私には、今まだ、智慧がそなわっていないから、煩悩という氷を融かして功徳の水とすることはできない。願わくは、仏よ、私を哀愍《あいみん》（あわれむ）して、仏の観想と智慧の力を授けて、解脱せしめたまえ。

そして、このように念じ終わったら、声をあげて阿弥陀仏を念じ、救護《くご》を請え、と結ぶ。

私は、この「声を挙げて仏を念じ、救護を請へ」という源信のすすめの言葉に、当時の人々の真摯な求道心を見る思いがする。『往生要集』が念仏者たちの「指南書」であった所以がここにもあらわれているのではないか。

さらに源信は、『摩訶止観《まかしかん》』の言葉を引用する。『摩訶止観』は、天台宗の創始者、智顗《ちぎ》の講述書。自己一心に世界が具わっていると説く。

人の重きものを引くに、自力にて前《すす》まずは、傍の救助《くじょ》を仮りて、則ち軽く挙ぐることを蒙るが如し。行人《ぎょうにん》もまたしかり。心弱くして、障《しょう》を排《はら》ふことあたはずは、名を称して護《まも》りを請ふに、悪縁も壊《え》することあたはず。(岩波、一八四頁)

ここに、「名を称する」という行為の価値が強調されていることは、のちの浄土教の歴史から見ても、大切な点であろう。

そして、源信は、さらに重要な指摘を加えている。それは、「常に心の師となるべし。心を師とせざれ」という指摘である。いわく、もし、煩悩が心を覆いつくして、ここに述べた「総・別」の方法が役に立たないときには、その心の意図をすみずみにわたってよく調べて、常に心の師となるように心がけよ。けっして、心にひきずられてはならない、と。

「常に心の師となるべし。心を師とせざれ」という源信の言葉は、のちに鴨長明の『発心集』の冒頭に引用される。「仏の教へ給へる事あり。「心の師とは成るとも、心を師とする事なかれ」と」(新潮日本古典集成『方丈記　発心集』、四三頁)。けだし、名言である。

4 「懺悔衆罪」、「退治魔事」

特別に懺悔する

「念仏の助けになる方法」、第五に「懺悔衆罪《さんげしゅざい》」について。「衆罪」とは、もろもろの罪ということ。煩悩のために戒律を破ったときには、その日のうちに懺悔せよ。なぜならば、『無量寿経』には、「もし罪を覆《おお》へば、罪則ち増長《ぞうじょう》す。発露懺悔《ほつろさんげ》すれば、罪即ち消滅す」（岩波、一八五頁）とあることによる。

懺悔の方法は、基本的にはその人間に合った方法を選べばよい。たとえば、五体を地に投げて一心に阿弥陀仏の白毫を念じて罪を告白するのである。あるいは、短時間であっても、坐禅をして仏の白毫相に心を集中させるのもよい。また、阿弥陀仏の真言（呪《しゅ》）を念ずることでもよい。

しかし、なによりも「理の懺悔」（個別的な懺悔ではなく、本質的な懺悔）が有効である。なぜならば、もろもろの罪性は、本来「空」であって、それを知らない、誤った考え方から生まれている。だから、「願はくは、我早く真性《しんしょう》の源を悟りて　速かに如来の無上道を証せん」（岩波、一八六頁）、と願うのがよい。

つまり、念仏（仏を念じる）といっても、真の念仏は、実体として存在するものはないと見ることであり、諸法の実相を見ることであり、分別を加えずに、執着もせず、捨てることもないことをいうのである。

では、このような懺悔にどのような利益があるのか。源信は『心地観経』の偈を引用する。「懺悔は能く三界の獄を出で　懺悔は能く菩提の花を開き　懺悔は仏の大円鏡《だいえんきょう》（鏡の如く一切を映し出す智慧）を見　懺悔は能く宝所《ほうしょ》（悟り）に至る」（岩波、一八七頁）、と。

問う。これらの懺悔の方法のうちどれが一番優れているのか。

答える。一人の人間に即していえば、その人間にふさわしい方法が最上である。原則からいえば、「理の懺悔」がもっともすぐれている。

経典には釈尊の言葉として、つぎのように説かれている。「ほんの少しの不善でも、それに固執すれば、それは罪となる。五逆罪という重大な罪でも、それに執着しなければ、それは罪ではない。迦葉よ、私は、不善によって悟りに達したのではない。また、善によって悟りに達したのでもない。煩悩は、因縁より生ずと理解して、悟りを得たのである。つまり、それ自体の存在性がなくて起こるもの（「法」、ものごと）は、無生（生じない）なのである。

このように理解することを、悟ったというのである」。

また、問う。懺悔によって衆罪が消滅するとしたら、なぜほかの論に、出家・在家が共に守るべき「十善戒」を犯せば、懺悔したとしても三悪道に堕ちる罪は消えない、とあるのか。

答える。大乗の教えでは、一切の罪は懺悔によって滅する。右の、懺悔では罪は消えないというのは、教えを聞くものに応じた方便説なのであろう。

日常の懺悔

ところで、右に紹介した懺悔は、いずれも「別時の懺悔」（特別に時と場所を決めて行う懺悔）であるが、源信は、行者は常には、昼夜六回、「懺悔」と「随喜《ずいき》」と「勧請《かんじょう》」の三つを修すべきだ、という。

また、『十住毘婆沙論』から、つぎのような内容の一文を引用する。「十方の諸仏は、私のすべてを知っている。私は、今、仏の前で一切の罪悪を明かす。貪欲と瞋恚《しんい》と愚痴の三種の煩悩がつくる、身・口・意の結果は、現世と来世、さらにそのつぎの世において受ける。その罪のすべてを懺悔する。三悪道の中において、受けるべき報いがあれば、どうか、今生において償い、悪道に堕ちてから受けることがないようにしたい」、と。

懺悔の文はいろいろあるが、簡略を望むのなら、『弥勒菩薩本願経』のつぎの一節を勧める、と源信はいう。「弥勒菩薩が悟りを求めて修行していたとき、一切を布施したがそれによって悟ったわけではない。弥勒が悟ったのは、昼夜おのおの三度、十方に向かって、つぎのように願っていたからである。「私は一切の過ちを悔い、もろもろの正しい道理を保つことを明らかにして人にも勧め、諸仏に帰命《きみょう》・礼拝して、最上の智慧が得られますように」、と。そしてその願いによって、「無上正真《むじょうしょうしん》の道」を得たのである」、と。

「魔事」をしりぞける

「念仏の助けになる方法」、第六にいう「対治（退治、しりぞけること）魔事」とは、どういうことか。

問う。種々の魔事は、正道を妨げる。たとえば、病気を起こし、観念（観想と念仏）の力を失わせ、あるいは邪法に親しませる等々。どうすれば、魔事を退けることができるか。

答える。方法はいろいろあるが、念仏（仏を念じること、称名ではない）に限るのがよい。その念仏も、「事の念仏」と「理の念仏」がある。「事の念仏」は、言葉と行が一致するときに効果を発揮する。また、「理の念仏」とは、つぎのとおり。魔界と仏界は一如であるにもかかわらず、衆生は、仏界にあって魔界を起こし、悟りのなかにいながら煩悩を起こす。このような衆生に対して、仏は慈悲心を発して、煩悩のままに悟りへ向かわしめる。だから、一切は「空」だと観想することが、魔事を退ける優れた方法となるのである。それが、「理の念仏」にほかならない。

問う、どうして「空」を観想するとき、悪魔はその力をふるうことができないのか。

答える。いっさいのもの（「法」）に執着しない。執着しないがゆえに、誤りに陥ることがない。過ちに堕ちないから、魔もつけ入る隙を見つけられない。それは、たとえば、人の身体も傷がなければ、毒でよごれた屑《くず》のなかに臥しても、毒が身体に入ることはない。もし少しでも傷があれば、毒が回って死んでしまう。

修行の総括

第七に、往生にとって必要な修行の総括をしてみる。

問う。すでに多くのことが説かれてきたが、まだ要点が分からない。

答える。一つは、仏の悟りを得たいと願う心（「大菩提心」）であり、二つは、自分の行為（身・口・意による）を正しく保つこと。三つは、阿弥陀仏の本願を深く信じて、誠をいたして、常に仏を念ずること、以上である。こうすれば、仏の願にしたがって極楽に生まれるのである。もちろん、ほかにすぐれた行を兼ねるならば、往生は疑いがない。

問う。なぜ、右の三点が往生のための行の要となるのか。

答える。菩提心の意義についてはすでに述べた。行為が悪ければ、正しい道を進むことが妨げられるから、当然、身を持さなくてはならない。また、往生のための行としては、念仏が根本である。その念仏は、「理」にかなっていなければならない。このように、本願を深く信じること、誠をいたすこと、常に仏を念じること、この三事が往生のための行の要になるのである。

さらに、源信はつぎのように総括する。身・口・意の行為を正しく維持することは、悪を制止する「止善」であり、仏の名を称念するのは、進んで善を行うという「行善」である。そして、菩提心と願は、これら二つの善を助けるのである。ゆえに、これらの行法を往生の要となすのである、と。

右の文中にある、「往生のための行としては、念仏が根本である」(「往生の業には念仏を本となす」=「往生之業念仏為本」)という一文は、のちに法然が『選択本願念仏集』の劈頭《へきとう》に記して、「専修念仏」のスローガンとなる。源信の念仏が、さらに「専修念仏」へと展開するためには、百年の歳月と、法然という天才の出現を待たねばならなかったのである。

ここまで、読み進めてきて、あらためて感じるのは、源信における「理」や「空」の論理の重さである。それは、容易に理解できない高度な理論であるが、源信は懸命に、その世界へ人々を導こうとしていて、その情熱に感動するのは、私だけではないであろう。

第五章
「別時念仏」（「大文第六」）

　ここから「大文第六　別時念仏《べつじねんぶつ》」に入る。以下、源信の解説の大意である。「別時」とは、平常に対して、特定の時に行う、という意味である。源信によると、「別時」はさらに、二つに分類される。一つは「尋常の別行《べつぎょう》」、二つは「臨終の行儀」である。「尋常の別行」の「尋常」とは、「平生」のことで、「臨終」に対する言葉。「平常」のなかで特定の日時を限って行う念仏が「尋常別行」である。

　これらは、いずれも、実際に源信によって実践された行であったと考えられる。とくに「尋常別行」として紹介される「九十日間」に及ぶ行等は、現在でも、形をかえて比叡山天台宗延暦寺で実践されている。また、ここに記される「臨終の行儀」は、同時代の「二十五三昧会」で実践されたという。実践のなかから生み出された、あるいは、実践のために具体的に工夫された行法がつぎつぎと紹介されてゆく。読んでいて、一種の臨場感を覚えるところである。

1　「尋常の別行」について

「ここに座してこれを見るなり」

普段の修行においては、常に緊張をして、精進することはむつかしい。だから、特別に時を定めて、いわば覚悟をあらたに、行を実践する必要がある。それが「別行」である。「別行」には、一日乃至七日、あるいは十日乃至九十日があるが、願いに応じて実践すればよい。

では、どのように実践すれば、どのような成果があがるのか。源信は、善導の教えから、その方法をつぎのように説明する。

極楽とその主である阿弥陀仏のすがた（「色身」）を、経典の教えるとおりに観念せよ（瞑想してイメージする）。その際、戒律を守り、一人で、決められた場所で瞑想に入ること。瞑想は一昼夜から七昼夜に及ぶが、ひたすら瞑想を続けると、七日過ぎから、極楽と阿弥陀仏の様子が見えてくる。その見え方は、源信によると、目覚めて見ることがなければ、夢中で見る、と。

大事な点は、浄土と阿弥陀仏を見るのは、超人的に浄土に行って見るのでもなく、死後、浄土に生まれて見るのでもなく、三昧の座で見る、といっている点であろう。「ここに座してこれを見るなり」（岩波、一九七頁）、と断言している。ここからも、源信がいう「念仏」は、観想（瞑想）のなかで仏をイメージする、という意味だということがよく分かるであろう。ちなみに、「三昧」は、精神を特定の対象に集中すること。

しかし、経には、浄土と阿弥陀仏を、「この座」で見ることができるとしても、「浄土」そのものに生まれるためには、どのような方法があるのか、という問いが設けられていて、それに対して、阿弥陀仏がつぎのように答える。「来生せんと欲せば、常にわが名を念じて休《く》息《そく》することを得ることなかれ。即ち来生することを得ん」、と（岩波、一九七頁）。

「わが名を念じよ」という。ただし、それは「称名」とは限らない。「念」は依然として「思う」ことであり、イメージすることである。しかも、その念じ方には、休息や断絶があってはならない。法然が、のちに、「念仏」は名を称すること、口に出して唱えることだと断定するにいたるが、その断定がどうして生まれてくるのか、その筋道が分かる一節でもあろう。

場所の選定と行儀

「三昧」のための場所をどのように設けるのか、そこでの振る舞い方についても、源信は細かく指示している。

場所としては、仏堂が一番適切である。その際、仏像を安置して、香湯《こうとう》を注いで洗い清めること。もし、仏堂がなければ、清らかな室でもよい。仏堂での作法通りに、清める。その上で、西壁に仏像を安置すること。「三昧」に入る時期は、月を四分割して、一日から八日まで、あるいは、八日から十五日まで、あるいは、十五日から二十三日まで、あるいは、二十三日から三十日まで、そのいずれかを選んで、家業の都合を見計らって行に入ることにせよ（この「三昧」は、出家だけでなく、在家の仏教徒にも開かれていたことが分かる）。

行に入ると、食事は一日一食、柔らかい餅などだけ。正午以後は食事をしないこと。飲み物や果実も、最少必要限度にすること。

行は、もっぱら阿弥陀仏を念ずることに集中するが、ひたすら坐すか、ひたすら立ち続けるかとし、七日の間は、睡眠をとってはならない。

興味深いのは、この間、仏を礼拝することや読経をしてはならない、あるいは、数珠を手にしてはならない、としている点であろう。ただ、ひたすら合掌して仏を思い、仏を見る想いをなせ（「念々に見仏の想を作《な》せ」）、というのである（岩波、一九八頁）。
また、道場内では、自分が犯した罪の一切をありのままに懺悔《さんげ》せよ、ともすすめている。
その懺悔の仕方も、経典によっては、五体投地の上、大きい山が崩れるかのように号泣し、
涙を雨の如くに流せ、とも求められている。

九十日の行

九十日の行については、『摩訶止観』を引用する。まず、その方法について、一つは、「身《しん》の開遮《かいしや》」、二つは「口《く》の説黙《せつもく》」、三つは「意《い》の止観《しかん》」、をとりあげる。

「身の開遮」とは、身体でしてよいことと、してはならないこと。行の間は、常に歩行せよ。一人（孤独）を貫くこと。すぐれた師匠に就くこと。師匠の短所を見てはならない。もし、師に悪意をもつようなことがあるなら、この行は失敗に終わる。この三月の間は、世間のことを思うな、等々。

「口の説黙」とは、言葉でいうことと、いわないこと。九十日間、身は常に歩き、休息しない。また、九十日間、口に常に阿弥陀仏の名を称えて休息しないこと。そして、心に常に阿弥陀仏を念じて休息することがないように。ただし、仏の名を唱えることと、仏を念ずることが相継ぐこと。まず念じて、その後に唱える、あるいは、まず唱えて、その後に念じる、

このようにして休息することがあってはならない。

「意の止観」とは、西方の阿弥陀仏を念じる（常に心に思う）こと。阿弥陀仏が浄土の真ん中で菩薩たちに囲まれて経を説いているさまを、三月の間、常に念じ続ける。具体的には、仏の三十二相を念ずる、等々。

しかしながら、「悟る」ということは、身や心をはたらかして得られることではない。「悟り」は、主観と客観の立場を超えて、「空」に立たねばならない。さらに、「空」に立つということも否定される。

源信は、そのことを『般舟三昧経《はんじゆざんまいきよう》』（この三昧を実践すると諸仏が身近に立ち現れると説く）の偈《げ》を使って、およそつぎのように述べる。

心は心を知らず　心ありて心を見ず　心に想（対象についてイメージする）を起さば即ち痴（おろか）なり　想なきは即ち泥洹《ないおん》（悟り）なり

諸仏は心によりて解脱を得たり　心は垢《く》（煩悩）なければ清浄と名づく　五道（地獄・餓鬼・畜生・人・天）は鮮潔《せんけつ》（あざやかではっきりしている）にして色（かたち）を受けず

これを解《さと》ることある者は大道《だいどう》を成ず（悟りに達する）

と。（岩波、二〇四頁）

そして、これを「仏印《ぶついん》」と名づけて以下のように説明する。

所貪《しょとん》なく、所著《しょじゃく》なく、所求《しょぐ》なく、所想なく、所有尽き、所欲尽く。従《よ》りて生ずる所なく、滅すべき所なく、壊敗《えはい》する所なし。道の要《かなめ》、道の本《もと》なり。（岩波、二〇四頁）

終わりに、あらためて「常行三昧」を強く勧める。「悟り」を目指すのであれば、今まで述べてきた「常行三昧」（九十日間、阿弥陀仏像の周りを歩き続けて、阿弥陀仏の名を称え、心に阿弥陀仏を念じる）が、もっともすぐれた効果をもたらす。この行は、「諸仏の母」であり、「仏の眼」、「仏の父」、「無生《むしょう》大悲の母」だ、と讃歎している。

そして、この実践を無視するようなことがあれば、限りのない宝を失うようなものだから、人や天人が悲しむことかぎりないと、行者を励ましている。

2 「臨終の行儀」

源信は、臨終に際して、どのようなことを行うべきか（「行儀」）を明らかにし、つぎに臨終にある者に対する念仏のすすめ方（「観念《かんねん》」）を紹介する。

行儀

「行儀」について、インドの仏典から、つぎのような内容の一文を引用する。

釈尊たちの住まいであった祇園精舎の西北の角、日の沈む場所に「無常院」があった。そこは、病人が出たときに住まわせる。なぜか。人は執着心が強くて、日常使用している衣類などにこだわり、この世を厭う気持ちが弱くなるから。日没の方向を選ぶのは、命の終わりを実感させるためである。院のなかには、仏像があり、像の左手からは五色の布がのびていて、病人がその端をにぎる。仏の後について浄土に行く思いをさせるためだ。看病人は、焼香や散華（仏像に向かって花を散らす）して、病人の周りを整える。排泄物は、その都度とりのぞく。

源信は、この一文のあと、注の形でつぎのようにいう。思うに、もしそのための堂舎が用意できなければ、普段の場所で、病人を西に向けて、焼香、散華して念仏を勧めるのがよい。また、おごそかな仏像を見せるのもよい、と。

また、善導の文から、つぎのような内容の一文を引用する。行者がいよいよとなれば、顔を西に向け、念仏の声が絶えないようにして、浄土の聖衆が、蓮華の台に乗って迎えにくる思いをなさせしめよ。病人がその様子を見たときには、記録せよ。また、罪の報いを受けて苦しむときは、付き添いの者は、ともに仏を念じて、ともに懺悔して、罪を滅ぼすようにせよ。罪が滅ぶと、蓮華台とともに仏・菩薩が現れるから、その様も記録せよ。

また、行者の身内らが看病するときは、酒・肉・五辛を食べた者は近づけてはならない。臨終に自らの往生の様子を見ることができなくなり、鬼神が交互に病人を襲い、病人は心乱れたまま、三悪道に堕ちてゆくから。行者たちよ、どうか身を慎み、仏の教えを守り、そろって仏を見ることができる条件をととのえよ、と。

また、道綽《どうしゃく》禅師も、およそつぎのように説いている。凡夫の心は陽炎のごとく、猿よりも激しく動く。対象につられて、しずまることがない。だから、どうか信心を尽くし、善行が習慣になるようにしてほしい。そうすれば、死すとき悪念が生じない。死の瞬間に起こる「刀風」（身体の節節をばらばらにする強い風）はすさまじいが、それも避けられよう。かねてから、仲間と約束をして、命終《みょうじゅ》の際には、たがいに、教えをはっきりさせて（「開暁《かいぎょう》」）、阿弥陀仏の名号を称え、極楽に生まれるように願い、声と声が途絶えることがないようにして、十念を成就できるようにせよ、と。

ここで、源信は、「十念」の解釈について、つぎのようにはっきりと定義している。「一心に十遍、南無阿弥陀仏と称念する、これを十念と謂ふなり。この義、経の文に順ず」（岩波、二〇八頁）、と。ただし、「称念」は、口で唱えるだけではなく、心に仏をイメージすることをふくむ。くり返すが、法然がいう称名念仏の意味ではない。

「普賢の行願」のために

つぎに、臨終における念仏のすすめ方（「勧念」の方法）について。まず、念仏を勧めるのは、かねて、つきあいのある「善友・同行」の場合であること。その仲間が重病に倒れたときから、念仏を勧める。それは、仏の教えにしたがうためであり、衆生を利するためであり、自らの善根のため、結縁のためである。勧め方は、人によって異なる。今は、私（源信のこと）自身のために、勧め方の文を作っておく。

その文は、およそつぎのようにはじまる。今、病床に臥しているが、死は恐ろしい。すべからく目を閉じて合掌し、一心に誓う。仏の相好だけを見ること、それ以外のものは見ない。

仏の法音以外の音を聞くことがないように。仏の教え以外のことを説いてはならない。往生のことだけを思う。ほかのことは思わない。そして、命終わる時、蓮華の台《うてな》の上に坐して、阿弥陀仏の後にしたがい、ひたすら十万億の国土を超えて、極楽の七宝《しっぽう》の池にいたってはじめて目を開き、阿弥陀仏を見る。そして、最後は「普賢《ふげん》の行願《ぎょうがん》」に入る（岩波、二〇八―二〇九頁）、と。

「普賢の行願」とは、普賢菩薩が実践する内容のことであり、一言でいえば、衆生済度の慈悲行のことである。つまり、極楽に生まれるのは、おのれの快楽のためではなく、一切衆生を仏たらしめるはたらきに参加するためなのである。このことは、のちの法然や親鸞にも明確に受け継がれる、きわめて大切な点なので、あえて、ここで注意をうながしておきたい。

念仏のすすめ方

さて、源信は、このあと、十項目にわたって、臨終の念仏のすすめ方を説く。いずれに対しても、源信は、「一心に聴き、一心に念ずべし。一々の念ごとに疑心を生ずることなかれ」（岩波、二〇九頁）といさめている。十項目は、要点だけを紹介したい。

第一、大乗仏教の教える「実智」を発《おこ》して、生死《しょうじ》の由来を知れ。「実智」とは、ものごとを「あるがままに」知る智慧。真実智ともいう。「あるがまま」という判断は、自我というバイアスをもって生きている人間には、一番むつかしい要請と思われる。しかし、源信は、そうした智慧を発せよ、とうながす。具体的には、「生死即涅槃、煩悩即菩提、円融無碍にして無二・無別なること」を知ること。言葉の意味は、さきにふれておいたから見てほしい。「実智」を発するために、「仏・法・僧」（仏陀とその教え、その教えに従う教団の三者）の三《さん》宝《ぼう》に帰依することを願え、という。

第二、真実（「法性」）は（価値的に）平等だが、仮にあるとされているもの（「仮有《けう》」、価値判断の対象）と別なのではない。阿弥陀仏のいうように、浄土を求める行為は、仮の行為だが、その願いは、かならず実現するのである。それは、真実が「仮有」と別にあるのではないから。

そのために、「願はくは、阿弥陀仏、決定《けつじょう》して我を抜済《ばっさい》（苦しみを取り去り難を救うこと）したまへ。南無阿弥陀仏」（岩波、二二一頁）と称えよ。

第三、浄土を欣求《ごんぐ》すべし。人、臨終の時、十遍、阿弥陀仏を念ずれば、かならず安楽国に往生できる。だから、「願はくは、仏、今日《こんにち》決定して、我を引接《いんじょう》し、極楽に往生せしめたまへ」（岩波、二二〇―二二一頁）と称えよ。

第四、阿弥陀仏の浄土に生まれるためには、それにふさわしい業《ごう》を実践せよ。それは、阿弥陀仏の本願にいう、「わが名号を聞いて、念《おもい》をわが国に係《か》け、もろもろの功徳をつくり、至心に廻向して、わが国に生まれんと欲せよ」を実践することである。そして、「私のもっている善根の力によって、極楽に往生しますように。南無阿弥陀仏」と願え。

第五、また、阿弥陀仏の本願にいうとおり、菩提心を発して、功徳を修め、至心に浄土に生まれたい、と願うのである。今すべからく、菩提心を発して、阿弥陀仏を念ぜよ。そして願え。「我、一切衆生を利楽《りぎょう》せんが為に、今日決定して極楽に往生せん。南無阿弥陀仏」、と（岩波、二一二頁）。

第六、今まで積み重ねてきた往生浄土の修業を、さらに増盛《ぞうじょう》ならしめよ。一心に阿弥陀仏に帰命して、願え。「我、今、一念のなかに、阿弥陀如来の一切の万徳《まんどく》を帰命しよう。南無阿弥陀仏」、と。

第七、阿弥陀仏の具体的なすがたを想って、心をその一点に集中せよ。とくに、眉間の白毫は、万徳の成就したすがたであり、しばらくでも、白毫に心を集中すれば、重罪を滅することができるのであるから、つぎのように願え。「願わくは、白毫相の光が、わがもろもろの罪を滅するように」、と。

第八、白毫相の光は、常に、十方世界の念仏の衆生を照らし、摂取して捨てることはない。だからまさに、大悲の光明は、かならず来り照らすことを知るべきである。だから、「願わくは、阿弥陀仏が清浄の光を放ち、私の心を照らして、私を覚悟せしめ、家族や家、財産などへの執着、ひたすらおのれだけを愛おしみ、わが身命を惜しむこと、現在の生を愛すること、これら三種の執着心を転じて、念仏三昧を成就し、極楽に往生できるように」、と願え。

第九、阿弥陀仏は、光をもって行者を照らすだけではなく、観音・勢至を伴って行者のもとに来たり、行者を擁護する。煩悩のために、目の当たりにそれを見ることはできないが、大悲の願を疑ってはならない。だから、つぎのように願え。「願わくは、仏、大光明を放ち、かならず来迎《らいこう》して、極楽へ往生せしめたまえ。南無阿弥陀仏」、と。

第十、臨終を迎える行者にいいたい。「臨終の一念は、百年の業《ごう》に勝る。もしこの刹那をそのままに過ぎれば、つぎに生まれるところ(「六道」のいずれか)が決まってしまう。まさしく、この刹那に、一心に念仏して極楽の蓮台の上に往生することを願え。「如来の誓いに誤りは毛頭ない。願わくは、仏、かならず私を極楽へ導き給え。南無阿弥陀仏」」、と(岩波、二一四頁)。

以上、源信は十か条を挙げたうえで、さらに、つぎのように注意する。死にゆく者には、最後に、「仏、かならず引摂《いんじょう》したまえ」と念じられるようにすることが一番肝要であり、それ以外は不要だ、と。ここにも、源信が、実際に、死にゆく者の看取りを経験したことがうかがわれて、興味深い。

問答

ここで源信は、臨終の阿弥陀仏の来迎に対する不信をふせぐために、問答を設ける。

その問いの内容は、つぎのとおり。『観仏三昧経』には、罪悪を犯した人間の臨終には、地獄の死者がやって来て、その身を切り刻む、とか、蓮華の台が迎えに来たとみせて、実は火焔《かえん》であったと説かれている。源信の説く蓮華の来迎が、そうでないと言い切れる理由は、どこにあるのか。

答えの要点は、以下のとおり。一つは、私が説く罪人は、懺悔をなし、阿弥陀仏の来迎を説く友人がそばにいる。だから、罪人は至心に念仏をする。二つは、ここに説く罪人は、仏を念じるがゆえに心身が安らかで、悪相がすべて滅し、極楽の聖衆と異香をかぐ。三つは、『観仏三昧経』は、地獄の声が詠歌のように聞こえて、罪人がそれに惹かれてゆく、とあるが、ここに説く『観無量寿経』の言葉は、罪人の滅罪を述べている。同じ経典の言葉でも、内容が異なる。四つは、『観仏三昧経』では、地獄の炎が美女に変じて、罪人を迎えに来るが、『観無量寿経』では、罪人を迎えに来るのは化仏、化観世音、化大勢至である（岩波、二一六―二一七頁）（「化仏」、「化観世音」、「化大勢至」の「化《け》」とは、衆生を済度するために衆生の応じた姿で現れる仏や観音、勢至菩薩のこと）。

このように、「行、相、語、仏」の四点で、源信がいう「蓮華の来迎」は、『観仏三昧経』とは同じではない、と強調されている（岩波、二一七頁）。

第六章
念仏の利益（「大文第七」）

念仏の利益《りやく》について、源信は、七つをあげる。一は、「滅罪生善《めつざいしょうぜん》」、二は、「冥得護持《みょうとくごじ》」、三は、「現身見仏《げんしんけんぶつ》」、四は、「当来の勝利」、五は、「弥陀の別益《べつやく》」、六は、「引例勧信《いんれいかんしん》」、七は、「悪趣の利益」、である（岩波、二二〇頁）。以下、いうところの要点を紹介し、場合によれば、論評したい。ただし、「引例勧信」はとくに紹介しない。

1　観想の功徳

一つは、「滅罪生善」。

源信は、仏の白毫相を念じること、また、それ以外の相好の一つを念じること、それらがいかに無量の罪を除去するか、について、経典から証拠の文を引用して強調する。また、仏の名を称することもまた、「百千劫の煩悩の重障」を除く、という。

ただし、「生善」については、とくに紹介していない。浄土に生まれることを指すのは分かりきっているからであろう。

二つは、「冥得護持」。

「冥」は、知らないうちに。「護持」は神仏の加護。知らないうちに仏神の加護を受ける、という利益。

たとえば、世界の終末の際には、大火が襲うが、念仏三昧を保つ菩薩は、その渦中に堕ちても、火がかえって消えるという。また、戦争で民が荒廃し、飢饉がしきりに起こり、苦しみが極まっても、(念仏三昧の行者は)死ぬことはなく、この経典を広めるものは、困難を克服し、その功徳は素晴らしい、とある。

面白いことに、源信はこの偈を引用した後で、「ただ業報の必ず応に受くべき者をば除く」という原注を、やはり注の形で載せている(岩波、二二五頁)。

三つは、「現身見仏」。

経典には、心を一仏に集中し、その名を称えて、仏を念じ続けるなら、諸仏を見ることができる、と説く。

源信は、つづいて、この言葉を解釈する善導の文を引く。「衆生は障《さわり》重ければ、観（観察のこと）成就し難し。ここを以て、大聖《だいしょう》（阿弥陀仏）悲憐したまひ、ただ専ら名字を称せよと勧めたまふ」、と（岩波、二二六頁）。

ここに、はっきりと、「観」から「称」へという行の転換の契機が示されている。ただし、その称名は、仏を見ることができる手段なのである。

それゆえに、この項の終わりに、源信は『十二仏名経』（東西南北など十二の方向にある仏の名を称えて懺悔する）を引用する。「もし人、能く心を至して　七日、仏の名を誦《じゅ》すれば清浄の眼を得て　能く無量の仏を見たてまつらん」、と（岩波、二二七頁）。

四つは、「当来の勝利」。

「当来」は、来世。「勝利」は、優れた利益。来世で受ける優れた利益。

源信の引用の一つに、つぎのようにある。この念仏三昧を身につけると、その人は地獄に堕ちることなく、餓鬼道や畜生道を離れ、生まれた世界では、過去のことをすべて知る、と。あるいは、「邪見と雑穢《ぞうえ》の処」に生まれることもない。

また、諸仏には名号があり、心を集中して称念すれば、みな仏前に生まれることができる。

このことを、経は「名号もて衆生を度したまふなり」（岩波、二二八頁）、と記している。同じように、別の経典では、仏の名を保つならば、弱々しい心は生ぜず、智慧が生まれて、人に媚び諂《へつら》うことなく、常に諸仏の前にあることができる、と。

以下、「諸仏の名を聞く」、あるいは、「一たび南無仏と称えれば」、「仏の名を保てば」というように、仏名を称える、聞く、保つといった行為が、すぐれた利益を生むことを、源信は紹介してゆく。

2　心が仏を造る

だが、「称名」、「称念」はあくまでも「観想」の一つの手段である。その「観想」の功徳について、なぜ「観想」が重要なのか。あらためて、その根拠がつぎの問答で明らかになる。問う。『観無量寿経』につぎのようにあるが、その正しい意味はどういうことか。

諸仏はこれ法界身《ほっかいしん》（全宇宙に遍満している仏身）なり、一切衆生の心想《しんそう》の中に入りたまふ。この故に、汝等、心に仏を想ふ時は、この心即ちこれ三十二相・八十随形好《ずいぎょうこう》なり（この心がそのまま仏の相好である)。この心、作仏《さぶつ》す(この仏を観ずる心が仏をつくる)。この心、これ仏なり。諸仏正遍知海《しょぶつしょうへんちかい》(諸仏の智慧を海に譬える)は、心想(観察、心の思い)より生ず(岩波、二三一頁)

答える。智光の「疏《しょ》」では、およそつぎのように述べている。人が仏の相好を想うとき、仏がその心のなかに出現する。それは、水にものが映るのと同じ。その際、水と像とは同じでもなく、別のものでもない。それゆえに、仏の相好は心想だ、ということができる。また、諸仏はわが心の作るところ。また、心の外に仏は存在しない。

では、問う。心が仏となる、ということになると、どんなにすぐれた利益があるのか。答える。これが分かれば、すべての仏の教えが分かるようになる。あるいは、一度でも聞けば、三途の苦難から解脱できる。そして、源信は、『華厳経』のつぎの偈を紹介する。

もし人　三世一切の仏を知らんと欲求《よくぐ》せば　応当《まさ》にかくの如く観ずべし　心、もろもろの如来を造ると(岩波、二三三頁)

源信は、この一文(「若人欲求知、三世一切仏、応当如是観、心造諸如来」)が「破地獄の文」

として知られていることを、ついでに紹介する。

中国の唐の時代、都に王という人物がいた。仏教とは無縁の人物で、死後、地獄に堕ちた。地獄の門前につくと、一人の僧がいた。彼が王にこの一偈を教えて、この偈を称えれば、地獄から出られると教えた。その後、閻魔王の前に引き出されて、現世でなにかよいことをしたか、と質問されたので、教えられた偈を称えたところ、閻魔王は彼を放免した。王は三日後に蘇生した。その偈が、右の「もし人　三世一切の仏を知らんと欲求せば」の四句だとする。

なお、現在の浄土宗や浄土真宗では、別の文（次項の『無量寿経』の「その仏の本願力もて云々」）が「破地獄の文」として知られている。

3　念仏の衆生を摂取して捨てず

源信は、行者の心を確実なものにするために、阿弥陀仏を念ずることによって生じる、特別の利益（「弥陀を念ずる別益」）について述べる。

たとえば、源信は、『観経』から、阿弥陀仏と観音・勢至を対象とする瞑想を説く箇所から、つぎの一文を引用する。「この観を作《な》す者は、無量億劫の生死の罪を除き、現身の中に於て念仏三昧を得ん」、と。あるいは、「ただ仏の像を想ふすら無量の福を得。いはんやまた、仏の具足せる身相を観ぜんをや」、と（岩波、二三四頁）。

このように、源信はつぎつぎと諸経を引用するが、のちの法然の浄土教を見る上で重要と思われる引文は、つぎのとおり。仮に、ＡＢＣと付す。

Ａ　観経（『観無量寿経』のこと）に云く、光明《こうみよう》遍く十方世界を照し、念仏の衆生をば摂取《せつしゆ》して捨てたまはず。（岩波、二三四頁）

Ｂ　双観経（『無量寿経』のこと）の偈に云く、その仏の本願力もて　名を聞いて往生せんと欲せば　皆悉《ことごと》くかの国に到りて　自ら不退転に致《いた》らん（岩波、二三七頁）

Ｃ　下生《げしよう》の人は、命終らんとする時に臨んで、苦に逼《せ》められて仏を念ずることあたはず。善友《ぜんう》の教の随《まま》に、ただ至心に声をして絶えざらしめ、十念を具足して南無無量寿仏と称せん。仏の名を称するが故に、念々の中に於て八十億劫の生死の罪を除き、一念の頃《あいだ》の如くに、即ち往生することを得。（同前）

Aは、阿弥陀仏の光明の普遍性を示すことによって、「摂取不捨」という救済の対象の普遍性が説かれている。

Bは、聞名という行為だけで、浄土往生が決まるのは、それが阿弥陀仏の本願力に裏付けられているから、ということを示している。

Cの「下生の人」は、『観無量寿経』に説かれている、人間の宗教的資質を九種類に分けた、そのなかの最低の資質の人間のこと。「南無無量寿仏」は、「南無阿弥陀仏」と同じだとされている。つまり、「南無阿弥陀仏」と唱えることが浄土往生をもたらす、とはっきり示されている。

ただし、「引例勧信」（経典にあらわれた「念仏」の例をいくつか紹介して、「念仏」への信を勧める）の個所では、源信はまだ、「南無仏」という呼称にこだわり、「南無阿弥陀仏」の呼称を見つけることはできていない。それも当然であり、浄土仏教の完成は日本においてなのであり、源信はその先駆けなのであるから、インドや中国で成立した経典類では、「南無仏」は見いだせても、「南無阿弥陀仏」の先例を見出すことは困難であったといわねばならないだろう。辛うじて、慶滋保胤《よししげのやすたね》の『日本往生極楽記』に言及するなかで、「念仏」の「仏」が「阿弥陀仏」になっている、と紹介している。

ところで、阿弥陀仏の救済力の普遍性という点では、「人道」のみならず、「六道」全体にも、その救済力は発揮されているはずなのであろう。源信は、そのことを示すためにか、「悪趣」のなかの「畜生道」にあるものの利益を説く（「悪趣利益」）。

彼が紹介する例は、つぎのとおり。昔、大商人が仲間を引き連れて、航海していた時、巨大な鯨に襲われた。大商人は、船上で一心に念仏し、合掌、礼拝して、「諸仏の、大無畏《むい》を得たまへる者、大慈悲なる者、一切衆生を憐愍《れんみん》したまふ者に南無したてまつる」（岩波、二四八頁）と称えた。すると、鯨は口を閉じたばかりか、仏の名を聞いて喜楽を感じ、またその後、他の生物を食わなかったので、命終えてから人として生まれてきた。さらに、仏の教えを聞いて出家し、阿羅漢の悟りを得るまでになった。

この話をした釈尊が、「阿難よ、かの魚を見よ。畜生道に生まれながら、仏の名を聞くことができて、悟りを得た。いかにいわんや、人が仏名を聞いて、正法を聴聞できないわけがないであろう」と諭した、という（岩波、二四八頁）。

「六道輪廻」からの解放、そして、「浄土」への往生が、源信の目的である以上、「人道」以外の悪道における救済についても、言及しておく必要があったのではないか。

第七章

なぜ「念仏」なのか（「大文第八」）

1 易行の仏道

源信が、この一節を設ける理由は、仏教にはいろいろな道があるのに、どうして、念仏の一門だけを勧めるのか、という疑問に答えるためである。

源信は答える。その要点は、つぎのとおり。念仏は、男女をはじめ、社会的差別にこだわらず、暮らしのなかの身の処し方にかかわらず、時と場所を選ばず、実行が容易であり、あるいは、臨終の際には一層有効であるから、念仏を勧めるのである。ほかの行をとくに排除する意図はない、と。そして、源信は、念仏が簡単でありながら、往生を確実に保証する行《ぎょう》であることを、経典から十か所あげて、説明する。

一つ、『占察経《せんざつきょう》』にいう。浄土に生まれたいなら、その浄土の仏の名を、専ら誦念《じゅねん》せよ。一心不乱に、上の如く観察するならば、かならず、その仏の国に生まれるであろう。

源信は、右の「上の如く観察する」について注を付けている。ここにいう観察は、地蔵菩薩の法身及び諸仏の法身と自分が平等無二であるから、不生不滅・常楽我浄にして、功徳円満だと観ずること。また、自身は無常にして、幻の如く厭うべきである等と観ずることだ、と（岩波、二五二頁）。

この経典では、仏の名を誦するというが、それはまだ「観察」という行のなかの一部である。そのことに源信も気づいていて、わざわざ、このように注をつけているのであろう。

二つ、『無量寿経』には、「三輩《さんぱい》」と分類される人々の行が記されている。彼らの往生への行為には浅深があるが、いずれにおいても、「一向に専ら無量寿仏を念ぜよ」とある。

「三輩」とは、浄土を願う三種類の人のこと。「上輩《じょうはい》」は、家を捨てて修行者になり、菩提心を発《おこ》してもっぱら阿弥陀仏を念じて、功徳を生み、阿弥陀仏の国に生まれたいと願う人々。「中輩《ちゅうはい》」は、出家にはなれないが、戒律などを守り、塔・像を造るなど、阿弥陀仏の国に生まれたいと強く願う人々。「下輩《げはい》」は、浄土に生まれるための功徳は作れないが、「悟り」を得たいという気持ちは強く、専ら、一度でも十度でも阿弥陀仏を念じる人々のことである。

この「三輩」を記す文のなかに、いずれも、「一向に専ら無量寿仏を念じ」という文が共通してある（阿満利麿注解『無量寿経』）。

三つ、四十八願のなかに念仏についてとくに一願があり、そのなかに「乃至、十念せん。もし生れずは、正覚を取らじ」とある。

右にいう「一願」とは、法蔵菩薩の四十八願のなかの第十八願のこと。第十八願は、つぎのとおり。「たとい我、仏を得んに、十方衆生、心を至し信楽《しんぎょう》して我が国に生まれんと欲《おも》うて、乃至十念せん。もし生まれずは、正覚を取らじ。唯五逆と正法を誹謗せんをば除く」（前掲書）。第十八願全体の文のなかの、一部が取り出されている。

四つ、『観無量寿経』には、「極重の悪人は、他の方便なし。ただ仏を称念して、極楽に生ずることを得」とある。

五つ、同じく、「もし至心に西方に生れんと欲せん者は、まず当《まさ》に一の丈六《じょうろく》の像の、池水《ちすい》の上に在《おわ》しますを観ずべし」とある。

六つ、同じ経典において、「光明遍く十方世界を照し、念仏の衆生をば摂取して捨てたまはず」、とある。

七つ、『阿弥陀経』には、つぎの一文がある。「少善根・福徳の因縁を以て、かの国に生ることを得べからず。もし善男子・善女人ありて、阿弥陀仏を説くを聞き、名号を執持（忘れずに固く守る）すること、もしは一日乃至もしは七日、一心にして乱れずは、その人の命《みょう》終《じゅ》の時に臨んで、阿弥陀仏、もろもろの聖衆《しょうじゅ》とともに現じて、その前に在《ま》しまさん。この人終る時、心、顚倒《てんどう》（驚き惑う）せずして即ち往生することを得ん」とある。

八つ、『般舟経《はんじゅきょう》』には、つぎの一文がある。「阿弥陀仏の言《のたま》はく、「わが国に来生《らいしょう》せんと欲《おも》はば、常に我を念ぜよ。しばしば、当《まさ》に専念して休息《くそく》あることなかるべし。かくの如くせば、わが国に来生することを得ん」と」。

九つ、『鼓音声経《くおんじょうきょう》』には、およそつぎのようにある。仏の名号を正しく保てば、その功徳によって、臨終の際には、阿弥陀仏が極楽の大衆《だいしゅ》とともに訪れ、本人もその様子を見ることができる。そして、見るとたちまち浄土に生まれる、と。

十に、世親の『往生論』には、阿弥陀仏の仏身と浄土の功徳を「観念」することが往生のための行である、と説いている。

2　源信の保留

以上、十か条を示したのちに、源信はさらに、つぎのようにいう。『観無量寿経』の「下《げ》下品《げぼん》」と『阿弥陀経』と『鼓音声経』においては、「ただ名号を念ずるを以て往生の業となせり。いかにいはんや、相好《そうごう》・功徳を観念せんをや」（岩波、二五二頁）、と。

このことから、源信においては、「名号を念ずる」ことよりも、阿弥陀仏の相好や功徳を「観念」することが、すぐれた方法である、と考えられていたことが分かる。にもかかわらず、仏の名を念ずる価値を強調するのは、ひとえに、初心者のためなのであろう。この項目を結ぶにあたって、源信は、信仰心のまだ弱いものには、その信心を守る上でも、一心に仏を念ずるという「念仏」が往生の要となる、と述べている。念のために、その個所を紹介しておこう。

> 衆生の、初めてこの法を学ばんとするに、その心怯弱《こうにゃく》（弱いこと）にして、信心の成就すべきこと難きを懼畏《くい》して、意《こころ》退せんと欲する者は、当に知るべし、如来に勝方便《しょうほうべん》（すぐれた手立て）ありて信心を摂護《しょうご》したまふことを。謂《いわ》く、専心に念仏する因縁を以て、願の随《まま》に、他方の仏土に往生することを得るなり。修多羅《しゅたら》（経典のこと、ここでは『無量寿経』）に、「もし人、専ら西方の阿弥陀仏を念じて、作る所の善業《ぜんごう》をもて廻向して、かの世界に生れんと願ひ求むれば、即ち往生することを得」と説くが如し。（岩波、二五三頁）

くり返すが、源信における「念仏」は、いまの私たちが知っているように、口で「南無阿弥陀仏」と称えることではなく、阿弥陀仏を「念」じる、つまり「観想」する、イメージするという意味なのである。口称念仏の価値が全面的に主張されるのは、法然になってからである。そこには、「観想」に堪えない凡夫の悲しみの認識がある。源信には、「観想」は努力すれば可能だという思いがあったのであろう。できなくとも、努力しようとする意志へのかぎりない信頼というべきか、源信の人間像が浮かんでくる一節である。

第八章
往生のための諸行（「大文第九」）

源信はいう。浄土に生まれるためには、かならずしも念仏だけが有効なのではない。現に、多くの行が説かれている。それらのいくつかを紹介して、往生を求める人々の願いに応じたい、と。そのためには、往生のための諸行を説く経典を紹介する必要があろう。また、諸行の具体的なすがたを知る必要があろう。そこで、まず、経典の文を先に紹介し、実践についてはそのあとに紹介したい、という。

1　諸々の経典

戒律の役割

はじめに経典の名が列挙される。『華厳経』や『法華経』をはじめとする大乗仏典、『随《ずい》求《ぐ》』などの「呪《しゅ》」類。「呪」とは、陀羅尼《だらに》ともいう。霊力のある特別な言葉。インドから仏教が伝わったとき、これらは漢訳すると威力がなくなるとして、原音のまま漢字に移された。秘密の言葉。真言《しんごん》ともいう。

源信によれば、これらに共通するのは、「受持《じゅじ》」（「受」は受領、「持」は憶持。教えを受けて記憶すること）や「読誦《どくじゅ》」（読経のこと。「読」は文字を見る場合、「誦」は文字を見ない場合）をもって「往生極楽の業」としている、という。

源信が挙げる経典のいくつかを大略、紹介しておく。はじめに『大阿弥陀経』。この経典は、阿弥陀仏を主人公とする経典類のなかでは最古のものといわれているが、そこでは、まず「斎戒《さいかい》」が求められる。「斎」は、心の不浄を慎むこと、「戒」は、身の清浄を保つこと。

あるいは、「斎」は清浄のこと、「戒」は清浄をもたらすための約束事、ともいう。つまり、心を清浄に保ち、昼夜、つねに瞑想して、阿弥陀仏の国に生まれたいと願え、という。それが十日十夜続けば、往生できる、とする。

それができなければ、つぎの約束事を守れという。憎しみと背中あわせの愛を捨て去ること。家事を思わないこと。また、性行為をするな。愛欲を断て。そして、ひたすら阿弥陀仏の国に生まれんと念じることが、一日一夜、継続できれば、死後は、かならず浄土の蓮華のなかに生まれるだろう、とある。

この一文の紹介の後に、源信は、「この経は、持戒を第一にしている」と注をつけている(岩波、二五四頁)。

また、『十往生阿弥陀仏国経』では、つぎのようなことが実践できれば、阿弥陀仏の国に往生できるとする。一つは、飲食・衣服を仏と僧に施すこと。二つは、よい薬を病める出家者に施し、一切衆生に施すこと。三つは、命を害せず、慈悲に生きること。四つは、師に従って戒律を受けること。五つには、父母に孝行し、師長(先生と目上の人)を敬って、驕慢の心をもたないこと、等々である。

『弥勒問経《みろくもんぎょう》』(現存しない)では、阿弥陀仏の念じ方が説かれる。経には「十念」とあるが、その「十」とは、一つは、人々に対して慈しみの心をもつこと。二つは、つねに憐みの心をもって、害することがないようにすること。三つは、仏法を護る心を発《おこ》すこと。四つは、忍耐心。五つは、利欲に染まらぬこと。六つは、智慧を求める願いを怠り、忘れぬこと、等々。

『観無量寿経』では、三つの功徳をもたらす行を実践せよ、という。一つは、父母に孝行、師長につかえる、慈心にして殺さず。二つは、戒律を受けて、それを守ること。三つは、菩提心を発して因果の道理を信じること、大乗経典を読誦して、人に仏道を勧めること、である。

いずれも、いわば、阿弥陀仏の最古のすがたを伝える経典では、まだ「戒律」という、仏教全体に通じる行が重んじられていることがうかがわれる。それゆえに、源信も、「念仏」は、法然のように、称名だと決定することができなかったのであろう。また、「念仏」以外に、往生の助けになる行が求められたのであろう。

三種の心を発せよ

また、同じ『観無量寿経』から、「三輩往生段」とよばれる個所が要約されている。それは、修行者を能力に応じて、上・中・下と三つに分け、さらにそれぞれのなかで上・中・下に分けて、それぞれにふさわしい実践を教える。

上の上の者とは、至誠心《しじょうしん》、深心《じんしん》、廻向発願心《えこうほっがんしん》の三種を発せる者。上の中の者は、大乗経典の意味を理解し、因果の道理を信じることができる者。上の下の者は、因果の道理を信じて、大乗の教えを謗《そし》らないこと、悟りをめざして善行を積むことができる者。

中の上の者は、五戒など戒律を守り、五逆の罪を作らず、善行を往生に向けている者。中の中の者は、一昼夜だけ戒律を守る者。中の下の者は、父母に孝行して慈善を行う者。

下の上の者は、種々の悪を行ってきた者で、臨終の時、合掌して南無阿弥陀仏と称えた者。下の中の者は、戒律を破った者。臨終には地獄の猛火が押し寄せるが、善き先達が現れて、阿弥陀仏の智慧などの話をしてくれるのを聞くことができる者。下の下の者とは、悪のかぎりを尽くしてきたが、臨終に善き師に出遇い、声をかぎりに南無阿弥陀仏と十遍称えることができた者。

2　諸行を総括する

「名利」という陥穽

源信は、浄土に往生する原因となる、要《かなめ》の行として、先人の説から四種をあげる。一つは「観」(「十六観」など)、二つは「業」(「三福業」など)。三つは「心」(「至誠心」など)、四つは「帰向《きこう》」(ひたすら心を傾けること、浄土を願う)、である。

その上で、自分としては、諸経が説く往生のための行は、『梵網経《ぼんもうきょう》』(大乗仏教の戒律を説く経典)に説く「戒品《かいほん》」に尽きていて、個別にいっても「六波羅蜜《ろくはらみつ》」を出ない、と述べる。「六波羅蜜」とは、菩薩に課せられた六種の実践目標。布施、持戒、忍辱《にんにく》(苦難に堪える)、精進(たゆまず仏道を実践する)、禅定《ぜんじょう》(瞑想によって精神を統一する)、智慧(般若ともいう、真理を見極める)、この六種をいう。

そして、それらをさらに分けて、源信は、つぎの十三の行を説く。

一は、布施。二は、五戒など、少々の戒行。三は、忍辱。四は、精進。五は、禅定。六は、般若（智慧のこと。第一義を信じること等、と源信の注がある）。七は、菩提心を発す。八は、六念（仏・法・僧・施・戒・天を念ずること）を実践する。九は、大乗経典を読誦すること。十は、仏法の守護。十一は、父母に孝行、師長につかえること。十二は、驕慢《きょうまん》を生ぜぬこと。十三は、利養《りよう》に染まらないこと。

とくに、源信は、経典から、釈尊といえども、多く供養を受けたがために、その法が早くに滅びたという指摘を引用する。供養を受けるということには、名利心がはたらくというのであろうか。

このように、人間の求道心を阻むものとして、源信があげるのは、「驕慢」であり、「名利」、である。思えば、「煩悩」の本質は、自己中心にある。「驕慢」や「名利」も、「自己」が可愛いから起こる現象であろう。エゴがなければ生きてゆけないが、強すぎるエゴは、苦しみのもとになる。源信も、法然も、親鸞も、およそ世の心ある人々は、すべて、このエゴの処理の仕方に苦しんだのである。法然や親鸞は、そのエゴのコントロールが不可能であるという思いから、「他力」（中国の曇鸞《どんらん》によって提唱された考え方）の仏道を発展させたが、源信は、その道の劈頭《へきとう》に立っていることがよく分かる。

「麻中の蓬」

源信は、自分の心を制御できない環境にあると思えば、そこから離れよ、と勧める。そして、そのことに関して、興味ある譬えを引いて、この大文を閉じる。つまり、あなたは、「麻中《まちゆう》の蓬《よもぎ》」か「屠辺《とへん》の厩《うまや》」のいずれをとるか、『仏蔵経』を見て判断せよ、と。

「麻中の蓬」とは、麻のなかに生えた蓬は、自然に真っ直ぐになる、ということである。「屠辺の厩」とは、罪人を踏み殺すために飼っていた象の厩舎が、火事のためになくなり、象も新しい厩舎に入れられたところ、その近くに寺（「精舎」）があった。寺からは、比丘《びく》が経典を誦したりするので、自然にそれを聞いて、象は穏やかになった。しかし、また屠所の近くに厩舎を戻すと、象は、前にもまして悪心が強まり、罪人を激しく踏みつぶすようになった、という話である。

たしかに、人は、環境次第でどうとでもなる一面はある。しかし、そもそも、その環境を選ぶことができない、多くの在家の求道者は、どうすればよいのか。課題の解決には、ここでも百年後の法然を待たねばならない。

第九章

「問答料簡」(「大文第十」)

大文第十「問答料簡」では、十の項目について議論される。その項目は、一、「極楽の依《え》正《しょう》」(「依」は環境。「正」は住人。極楽の国土とその住人)。二、「往生の階位」(往生する人間の位)。三、「往生の多少」(往生する人間の数)。四、「尋常の念相」(平生の念仏の相)。五、「臨終の念相」(臨終の念仏の相)。六、「麁《そ》心《しん》の妙果」(粗雑な心、煩悩に汚された心でする念仏の優れた成果)。七、「諸行の勝劣」(種々の修行の優劣)。八、「信毀《しんき》の因縁」(念仏を信じる因縁と謗《そし》る場合の因縁)。九、「助道《じょどう》の資縁《しえん》」(念仏の助けとなる外的条件)。十、「助道の人法《にんぼう》」(念仏の助けとなる人と教え)、である。

ここでは、これらを逐一紹介し、論評するのではなく、現代の私たちが関心をもてそうな問答を、それぞれの項目から選んで紹介したい。

1　阿弥陀仏とその国土

阿弥陀仏とは

第一の、阿弥陀仏という仏がどのような仏であるのか、またその国土がどのような特色をもつのか、といったことをめぐって、種々の問答がなされているが、そのベースには、阿弥陀仏が、歴史的人物であるシャキャムニとは異なり、『無量寿経』などの大乗経典（私がいう「大きな物語」）のなかの主人公であるという点にあるのであろう。それは、阿弥陀仏だけにかぎらず、大乗仏教の仏たちは、すべて、非歴史的存在であり、経典という物語のなかの人物である。つまり、人間の日常的常識を以て類推できないような要素が、これらの大乗仏典には数多く存在するのである。

こうした、歴史的事実と、想像力の世界における「事実」との混同がもたらす誤解、偏見は、現代でも存在する。たとえば、いわゆる原始仏教の研究が進む中で、歴史的人物であるシャキャムニと、阿弥陀仏とか盧舎那仏《るしゃなぶつ》といった大乗経典上の仏とを、どのようにつなげて理解すればよいのか、といった疑問は、かえって浮き彫りになってきている。

　もちろん、そうした疑問は、大乗仏教のはじまりの頃からすでに存在し、中国仏教でも、日本の奈良時代の仏教でも、その対応策が講じられてきている。たとえば、すでにみてきたように、仏を理解するときに、「法・報・応」という三身説を用いるのも、その一つの工夫であろう。ここでも、はじめに、阿弥陀仏はいかなる「身」なのか、その国土はどのような種類の国土なのか、が問われている。

　あるいは、日常的な時間・空間意識で、阿弥陀仏とその国土を理解しようとして、経典間の叙述の相違にとまどう、といった問答もある。今日の私たちは、これらの経典を読む場合には、そこで用いられている時間や空間の尺度を、ほとんど無視することが多い。私たちの貧困な想像力では、理解を絶するからである。ここでも、極楽にあるというシンボルツリーの「道場樹《どうじょうじゅ》」の高さの表記と、阿弥陀仏の身の丈の表記とが釣り合っていない、という疑問も出されている。あるいは、「極楽」が西方、どれくらの距離にあるのか、についても、経典間に違いがあり、どちらが本当かといった質問も出されている。

　いずれにしても、諸説間にあるもろもろの矛盾に対する姿勢としては、つぎの源信の言葉が一番適切な対応ではないのだろうか。

もしは報、もしは化、皆衆生を成就せんと欲するなり。これ則ち、土は虚しく設けず、行は空しく修せざれば、ただ仏語を信じて、経に依りて専ら念ずれば、即ち往生することを得。またすべからく報と化とを図度《ずたく》（思いはかる）すべからざるなり。（岩波、二六三頁）

この引用文のあと、源信は、「この釈、善《よ》し。すべからく専ら称念すべし。労《わずら》はしく分別することなかれ」と述べている。「専ら称念」できるかどうか、それが問われているのであろう。

凡夫が往生できるのか

第二の「往生の階位」は、「階位」という言葉があるように、阿弥陀仏の浄土に生まれるためには、誰でも、無条件に、平等に、というわけではないことを暗に示している。とくに、凡夫が簡単に往生できるのか、といった疑問が、当時の出家者たちの間に強くあったことがうかがわれる。

たとえば、最初の質問は、修行の上級の階級に達したものだけが、浄土に生まれることができるのであって、修行以前の凡夫に、浄土往生を勧めるのは、どういう意味か、という内容である。これに対して、源信は、多くの経典が浄土を説くが、その浄土に勝劣があるから、そこへ生まれる者に勝劣があっても不思議ではないと応じる。

そこで、再び問う。それにしても、「惑業重き者《わくごう》」（煩悩悪業の重い者）は、ほんとうに浄土に生まれることができるのか、と。源信は、つぎのような文を引用する。「臨終の際に罪を懺悔して念仏すれば、「業障《ごつしょう》」が「転じて」、往生できる。煩悩の身であっても、「願力」をもって心を保つなら、浄土に生まれることができる」、と（岩波、二七一―二七二頁）。

ここに、「転」という言葉が使われていることは、さきに紹介しておいたように、大事な用語である。またここにいう「願力」は、行者の発《おこ》す願いであって、阿弥陀仏の本願ではない。念のために。

これでも、まだ疑問が残るのであろう、再再度、問う。ある経典には、仏を念じるというが、それは凡愚が念じるのではない。煩悩をまじえて仏を念じても、往生はできない、とあるではないか、と。

源信は、中国・唐代の玄奘の弟子・窺基《きき》の『西方要決《さいほうようけつ》』から、つぎのような意味の文を引いて答えとする。「娑婆の苦しみを知って、煩悩の世界と別れようとすることは、決して、浅はかでも愚かなことでもない。彼らは、将来、仏となり、一切の衆生を済度しようというのである。このような、すぐれた考えをもつ者が愚かであろうか。仏を正しく念ずるとき、煩悩も眠ってしまうから、煩悩の思いをまじえない、というのだ」、と。

「煩悩が眠る」という表現は、さすが唯識学の権威・窺基らしい。唯識は、意識（無意識もふくめて）をコントロールして「悟り」に達する道を教える学派である。

一貫しない「信心」

源信は、では、修行上の階位にかかわらず、愚かな凡夫でも往生できるとしても、それにしては、実際に浄土に往生したという者が少ないのはどうしてなのか、という問いを発する。そして、これに対して、源信は、中国浄土教の大家、道綽《どうしゃく》と善導の文を引用して答える。

まず、道綽の言葉。「信心が深くないから、ある時は信心が存在しても、別の時にはなくなってしまうからだ（「若存若亡《にゃくぞんにゃくぼう》」）。また、信心が一貫していないので対象が定まらないからだ。そして、信心が続かず、他の修行のことに気が散るからだ。このことからも分かるように、信心が深く、一貫していて、継続するという三つがそろえば、往生はできるのだ」、と。

つまり、道綽は、信心の曖昧さが、往生の妨げになっていると諭したのである。道綽の文は短いが、これ以後、日本の浄土教は「信心」を重大な課題とすることになる。

道綽の一文に戻っていえば、これは、曇鸞《どんらん》が『浄土論註』において、信心における三つの不《ふ》相応《そうおう》という問題をとりあげたことを受けついでいる。曇鸞は、いうまでもなく中国における浄土教思想の大成者であり、その教えを継承したのが道綽である。

曇鸞がいう、信心における三つの「不相応」とは、つぎのとおり。一つは信心が淳心（淳は虚飾のない心。まじりけのないこころ）でないから、続くこともあれば切れてしまうこともある。二つは、信心が一つでないから決定心（阿弥陀仏の本願を信じて動かない心）がない。三つは、信心が相続しないから、あれこれと迷う。この三者を積極的にいいなおせば、浄土往生のためには、「淳心」と「一心」と「相続心」の三つが不可欠ということになる。

この曇鸞の考えを引きついで、道綽は、信心が深ければ、信と疑いが交りあうこともないし、また、信心が専ら一つであれば、心底からの納得が生まれるであろうし、信心が継続しておれば、あれこれと雑念にふりまわされることもない、と説いたのである。

この道綽が説いた、浄土往生のための信心のあり方は、その後、親鸞に強い影響を与えることになり、その「正信偈」や「和讃」にも、道綽の考えがうたわれることになる。

また、「若存若亡」について、親鸞は別の個所で、つぎのように左訓を付している。「左訓」とは、漢字の右に音や読み方を付するのに対して、左側には意味が付されることがあり、それを「左訓」とよびならわしている。親鸞の文には、とくに「左訓」が多い。この場合にも、「あるときはさもとおもふ　あるときはかなふまじとおもふなり」と付されている（『定本親鸞聖人全集』第二巻、一〇〇頁）。親鸞自身の信心の遍歴がうかがわれる、興味ある資料である。

「雑修」とニセ浄土

凡夫の浄土往生が少ない理由として、源信が引用する善導の文は、つぎのとおり。「念仏が臨終まで継続する者は、すべて例外なく往生できるが、念仏専一でなく、他の行をまじえる者は、百人に一、二人、千人に三、五人が往生できるにすぎない」。

「他の行をまじえる」とは、原文でいえば「雑修《ざつしゅ》」であるが、「雑修」を戒める話を、源信は、別の経典から引用してくる。それは、現世と極楽の間に設けられた「懈慢界《けまんかい》」という世界のことなのであるが、そこは、快楽が満ち溢れていて、この国に生まれた者は、ここが極楽だと間違ってしまい、本当の極楽をめざさなくなってしまう、という。

「懈慢界」の「懈」は迷い、「慢」は慢心のこと。阿弥陀仏を信じることができず、救いについて迷いながら、それでよいと慢心してしまう世界、という意味である。さきの「淳心」・「一心」・「相続心」の欠けた行者が、たどりつく世界にほかならない。その世界は、見た目には極楽と変わらない。ここに生まれた者は、ここが極楽だと間違って信じてしまい、本当の極楽をめざさない、という。

源信は、「懈慢界」について、懐感《えかん》の説を引用して自説を述べている。懐感（善導について浄土教を学んだ）は、いう。「懈慢界」を説く経典の文言を見ると、この国にこだわるのは、「懈慢にして、執心牢固ならざるに由る」とある。つまり、信心が定まらず、慢心していることが、「懈慢界」にとどまる理由だ。それは、善導の言葉でいえば、「雑修」のせいなのである。だから、ひたすら念仏するようになれば、「雑修」の生じる余地もなくなり、その結果、ニセの浄土ではなく、真実の浄土に生まれることができるだろう、と。「懈慢界」は、真実の浄土を求めるために、なにが障害となるのかを示している、といえる。

「懈慢界」は、ほかの経典でも、「胎生」、「辺地」と称されている。こうしたニセの浄土に対する関心は、親鸞においてはとくに深く、『教行信証』や『歎異抄』にもとりあげられている。その理由は、一言でいえば、阿弥陀仏の本願を信じることの難しさにある。ということは、宗教的信心の成立は、人間の意識の構造に深くかかわる事柄であり、『往生要集』を離れて、別に論じねばならないテーマでもある。だからこそ、源信においても、平生の心理ではなく、臨終の心理に即した「臨終の念仏」がとりあげられることになるのであろう。

2　平常の念仏

四つの縁

第三の「往生の多少」(極楽に生まれる人数)は省略して、第四の「尋常の念相」をとりあげたい。

源信は、平常の念仏として、四種をあげる。くり返すが、「念仏」は、仏を観想することが中心である。一つは、「定業《じょうごう》」。坐禅によって仏を観ること。二つは、「散業《さんごう》」。日常の行住坐臥において、とくに心をコントロールすることなく、仏を念じること。三つは、「有相業《うそうごう》」。仏の相好を観察し、名号を念じて、穢土を厭い、浄土を求めること。四つは、「無相業《むそうごう》」。阿弥陀仏を念じ、浄土を欣求するのは、「有相業」と同じだが、仏も浄土も究極には「空」であることを観じて実践すること。「有・無」を超越した智慧にたつこと。この第四が、四種のなかで、もっともすぐれた「三昧」(観察、瞑想)だ、と源信はいう。

以下、右の四種をめぐって問答が設けられる。その結論をいえば、「定業」、「散業」はもちろん、「有相業」も、往生の因となることができる。「無相業」が往生の因となることは、いうまでもない。

この項目で注目すべき点は、源信が、四つの縁がはたらくと凡夫も阿弥陀仏の国に生まれることができる、と述べている点である。

一には自らの善根の因力、二には自らの願求の因力、三には弥陀の本願の縁、四には衆聖の助念の縁なり。（岩波、二八四頁）

一は、自ら実践してきて積み重なった善行が往生の「因」（直接的原因）となるということ。二は、浄土を求めて発した願いの強さが往生の「因」になるということ。三は、阿弥陀仏の本願が「縁」（間接的条件）になるということ。四は、菩薩たちの念仏の助けが「縁」となるということ。

「因と縁」から「自力と他力」へ

右の説明では、「因」と「縁」が使い分けられていることに注意が必要であろう。というのも、三に、「弥陀の本願の縁」とあるが、本願はあくまでも「縁」なのである。ただし、これは、のちの法然や親鸞、とくに親鸞において明確になることだが、阿弥陀仏の本願を「縁」という場合の「縁」は、「縁」といっても、たんなる「縁」ではなく、「増上縁」（力強い縁）として、絶対的な意味が付与されている。

だが、源信にとっては、まだそこまでの位置づけにはなっていない。むしろ、前者の二つの「因」（「自らの善根の因力」と「自らの願求の因力」）が重要であり、後者の二つの縁（「弥陀の本願の縁」と「衆聖の助念の縁」）は、あくまでも「縁」にとどまるのである。ただし、ここではじめて、源信においては、前二者と後二者の別が、「自力」的と「他力」的と意識されたとはいえよう。

ちなみに、「自力」と「他力」の区別は、曇鸞による。「他力」は中国語のなかの俗語といわれているが、この「他力」を用いて、仏教を「自力」と「他力」に二分するのは、曇鸞の功績である。それまでは、「難行道」と「易行道」という区別が用いられていた。なおいえば、源信は曇鸞の著作を直接見ていないのではないかといわれている（石田瑞麿「『往生要集』の思想史的意義」『日本思想大系6　源信』解説、四四九頁）。そのためもあってか、源信においては、「自力」と「他力」の区別は用いられていない。

3 臨終の念仏

「十念」とは

第五、「臨終の念相」として、源信の念頭にあるのは、『観無量寿経』に説かれている九品の最下位に位置づけられている「下々品」の人たちである。そのような人間でも、臨終に「十念」すれば、往生できるという。では、その「十念」とはどういうことか。これに対して、源信は道綽の考えを紹介する。

道綽は、つぎのようにいう。行者は、阿弥陀仏の姿（全身でも一部でもよい）を思い、それに意識を集中して、ほかのことを思わない状態の継続を「十念」という。「十」という数にこだわらなくてよい。ただ、初心者は、「念」を数える方がよい、と。

また、一心に「南無阿弥陀仏」と心を廻らせる間（「頃《けい》」、わずかの時間）を「一念」という説も紹介している。これだと、「十念」は十声になろうか。

あるいは、『弥勒所問経』（散逸して今はない）では、「十念往生」とは、慈悲心など十種の思いを満たして仏の名を称えることで、その場合は、一度の称名でも、往生できる。だが、源信は、注意をする。『弥勒所問経』がいう「十念」は、平生の行だが、『観無量寿経』にいう「十念」は、臨終の際の行であるから、質が異なる、と。

また、『無量寿経』では、「乃至一念」するならば往生できる、と説いているが、これと「十念」との違いはどこにあるのか、という問いもある。「乃至」とは、AとBの間のことだから、「乃至一念」の意味は、「一念」から「多念」までの間の「念」のあり方をいう。つまり、「一念」といっているが、「多念」をふくんでいるのである。したがって、極悪の者に必要な「十念」は文字通り「十」を満たす必要があるが、そうでない者は「乃至一念」でよい、という文を引用している。

また、源信は、罪悪しか行わず、およそ一善もない人間が、臨終にわずか十声を出して阿弥陀仏を念ずるだけで、どうして、その罪が滅び、浄土に往生できるのか、とも問う。

その答えとして引用されるのは、『那《な》先比《せんび》丘《く》問仏《もんぶつ》経《きょう》』である。この経典は、紀元前二世紀半ばの北西インドを支配したギリシャ系のミリンダ王と、当時の仏教僧ナーガセーナ（那先）長老との問答を記す。

その内容は、およそつぎのとおり。国王が長老に向かって言う。極悪人が臨終に仏を念ずれば、死後天上界に生まれる、とか、あるいは、たった一つの命でもそれを奪うなら地獄に堕ちる、ともいわれるが、私はそれらを信じない。すると、長老は、小石を水面に浮かべると沈むが、巨石でも船に乗せると沈まない。このように、仏の教えという船に乗るから、悪行のかぎりを尽くしてきたものでも、仏を念ずれば地獄に堕ちずに天上界に生まれることができるのである。悪行のままだと、小石が水に沈むように地獄に堕ちるのだ。だから、仏の教えという船に乗るか、乗らないかが問題なのだ、と説明する。

さらに、愚かな人間は悔い改めることができないから受ける罪が重くなり、賢いものは、悪を行っても、それを悔いることができるから、受ける罪も軽くなる、と述べる。

この『那先比丘問仏経』の説明を紹介した後に、源信は、あらためて、「十念にもろもろの罪を滅し、仏の悲願の船に乗りて、須臾《しゆゆ》にして往生することを得るも、その理また然るべし」（岩波、二八八頁）と記している。

罪と念仏

また、源信は、ある「論」を引用して、悪業を犯した罪と、念仏の功徳を三つの道理によって比較すれば、その軽重は単純なものではないことが分かるであろうと、つぎのように説明する。

一つは、罪を作る際の心と、念仏をする際の心の比較である。罪は、「虚妄《こもう》（偽り）顚倒《てんどう》

（煩悩によって生まれる誤った考え方）」の心からなされるが、念仏は、よき師から名号のいわれを聞く心から生まれる。この二つを同列に論じられるか。

二つは、「縁」のちがいである。罪悪は、「虚妄（偽り）痴暗（愚かさを闇に譬える）」の心がつくりだす「虚妄の境界《きょうがい》」（「境界」は果報として受ける境遇のこと）にふれて生じるが、念仏の心は、仏の清浄で真実な名号を聞いて、悟りをめざそうとする心をよりどころにしている。一方は虚偽、他方は真実で、比べようもない。

三つは、決定心《けつじょうしん》（固く動かない心）のちがいである。罪はいろいろ考えて起こすが、仏を念じるときは、他の思いも交えず、専一に念じる。だから、往生できるのだ。

また、臨終における仏を思う心（「念仏」）がどれだけ強力かについても、『大智度論』（龍樹の『摩訶般若波羅蜜多経』の注釈書。仏教の百科事典といわれる）から、つぎのような一文を引く。その力は百年間の行為に勝る。しかも、心力はきわめて強く、よく大事を成すことができる。死に面した人の心は動揺することなく、定まっていて、勇健ですらある。臨終の心を「大心」というが、身と諸器官を捨て去ることが徹底している。臨終の念仏が強力な所以であろう。

さらに、どうして仏の名を称えるだけで、無量の罪を滅することができるのか、とただす。つまり、名号が呪文ではなく、往生を保証する言葉である根拠はどこにあるのか、という問いといってよい。

源信は、道綽の文から、名が実行力をもつのは、法に即しているときだ、という答えを紹介する。それ以上の説明はないが、私の見るところ、「南無阿弥陀仏」という言葉は、阿弥陀仏の本願という原理に支えられているからこそ、往生を確かなものとする力がある、ということだろう。

「五逆罪」を犯した者の往生

終わりに、「下々品」である「五逆罪」を犯した者が「十念」するだけで往生できるのは、どうしてなのか、という問いが立てられる。この問いには、阿弥陀仏の第十八願には、十念往生を説くが、一方で、五逆罪と謗法罪を犯したものは除く、とある。源信がこの除外規定にどのように対応しようとしているのか、興味ある点といわねばならない。

まず、懐感《えかん》の説を紹介する。懐感は七世紀、唐代の僧侶で、はじめ唯識を学ぶがのちに善導に師事し、法然は浄土五祖の一人とする。

いわく、五つの縁がはたらくから罪が滅せられる。一つは「大乗の心」を発す縁。「大乗の心」とは、一切衆生を度したいという願いを発すことであろう。二つは、浄土を願生する縁。三つは、阿弥陀仏の本願の縁。四つは、念仏の功徳の縁。五つは、仏が威力をもって守護するという縁。こうした縁があって、浄土に生まれることができるのだ、と。ここでも、阿弥陀仏の本願がはっきりととりあげられていることは、注目しておいてよいだろう。

それにしても、『無量寿経』の第十八願に、「五逆罪と誹謗正法の罪」を犯した者は除外するとあるのは、どのように理解したらよいのか。

源信は、このことに関しては、「十五家の釈」ありとした上で、自説を試論として述べる。そのいうところは、つぎのとおり。『観無量寿経』では、往生できる人がすべて列挙されているが、『無量寿経』の第十八願では、かならず往生できる人（「定生《じょうしょう》の人」）だけしか言及されていない。五逆罪を犯さない人（「余人」）の「十念」は、かならず往生できる。五逆罪を犯した人の「一念」は、絶対に往生できない。しかし、五逆罪を犯した者の「十念」と、犯さない者の「一念」については、まだ決まっていない。それゆえに、本願文では、五逆罪を犯さなかった者の「十念」往生が誓われていて、本願文以外の個所では、五逆罪を犯した者の「十念往生」と五逆罪を犯さなかった者の「一念往生」が説かれているのである。この論議はまだ決着していない。さらに研究せよ（岩波、二九四頁）、と。

この点、法然や親鸞が苦心の末、道理にかなった解釈をしている。その詳細は、当該の拙著を見ていただきたいが（『無量寿経』、『法然入門』、『法然を読む』、『教行信証入門』等参照）、一、二ふれておこう。

一つは、法然の場合である。法然は、第十八願に言及するときは、この「唯除云々《ゆいじょ》」の文を使用しない。理由は、第十八願のはじめにいう、「一切衆生」のなかには、五逆罪を犯した者も、誹謗正法を犯した者もふくまれている、とするからである。

また親鸞は、「唯除云々」は、阿弥陀仏が除外しているのではなく、第十八願が保障している阿弥陀仏の「真実心」が、自らに届いているにもかかわらず、自らそれを否定し、疑っている人間のことであり、自らが自らの救済の道を閉ざしていることを自覚させるための文言だとする。

そのことを的確に示しているのが、つぎの「尊号真像銘文」であろう。参考のために一部を紹介しておく。「唯除はただのぞくということばなり。五逆のつみびとをきらい、謗法のおもきとがをしらせんとなり。このふたつのつみのおもきことをしめして、十方一切の衆生みなもれず往生すべしとしらせんとなり」（拙著『無量寿経』、一九九頁）。

源信の死後、百年以上を経るが、彼の後学への期待は、二人によって見事に成就したといえよう。

「臨終の念相」を閉じるにあたって、源信は、あらためて、臨終の念仏は力強ければ、無量の罪を滅すが、もし、観念が成就するならば、また無量の罪が滅すことはいうまでもない、と述べている。つまり、仏の名を称する価値を認めながら、観念の価値をそれ以上に高く評価している。それは、すでに見てきているように、源信の基本的立場なのである。

こうした観念への期待は、彼自身が深く関与した、浄土往生を期する二十五人の結社の存在があろう。彼らの真摯な実践が、源信の言説の背景に存在するのである。

「二十五三昧会」と慶滋保胤

ここで、横道に入るが、「二十五三昧会」と慶滋保胤《よししげのやすたね》（出家名、寂心）についてふれたい。「会」の「二十五」という数字は、人が生死の世界を輪廻する際の煩悩の内容を示しており、「二十五三昧会」は、生死を超える、六道輪廻を超えて、阿弥陀仏の国に生まれることを目的とする結社であることを示している。その「会」の趣旨を書いたのは、保胤であった。保胤は早くから源信と交流があった。

その趣意書によれば、毎月十五日に「念仏三昧」をつとめること。メンバーに病人が出たときは、順番を決めて病人の看病をすること。病人が臨終を迎えたときには、「正念」の有無等を記録すること。なぜなら、その内容次第で、病人が死後、浄土に生まれたかどうかが分かるから。そして、かねて墓所を定めておいて、そこへ仲間を葬り、春秋二回念仏会をすること等と記して、およそ、つぎのように結んでいる。人の世は夢のようだが、この世を捨てて浄土に生まれる機会は今をおいてほかにはない。われわれは、戒行に欠けるが、浄土を願う気持ちは強い。仲間を作って、その願いを実現する。そして、浄土に生まれたら、仲間を導いて浄土に招こう。万一、地獄などに堕ちた仲間がいたら、助けにゆくのだ、と。なお、ここに記された、臨終の行儀は、『往生要集』を指針としているといってよいだろう。

保胤自身の信心は、『日本往生極楽記』の序文によく示されている。いわく、「予、少き日より弥陀仏を念じ、行年四十より以降、その志いよいよ劇し。口に名号を唱え、心に相好を観ぜり」（「往生伝」『日本思想大系7』岩波書店、一一頁）、と。阿弥陀仏の相好を瞑想し、阿弥陀仏の名号を称える、これは、源信の実践とも重なる。ただ、保胤は、「二十五三昧会」の起請文は書いたが、メンバーには加わらなかった。

ちなみに、九八八年、源信は『往生要集』を宋に送るが、その際、保胤の撰した『慶氏日本往生伝』もあわせて送っている。

保胤が亡くなったのは一〇〇二年、六〇歳であった。その四十九日法要には、彼を仏教の師とした藤原道長が、彼の徳を讃える一文と布施物を送ったという。

4 「粗雑な心」のおこす願い

世俗の幸福と「悟り」

第六、「麁心《そしん》の妙果」について。「麁心」とは、「粗心」と同じ。出家という、心の扱いについて特別の訓練を受けた者でないかぎり、普通の心は、そのときどきの状況に動かされる、いわば粗雑な心であろう。そうした心の持ち主は、普通、仏になりたいとは思わない。来世について思うとすれば、天上界に生まれたいとか、もう一度人間に生まれてきたいということであろう。源信は、このような、いわば身勝手な、しかし、人情に即した願いから発せられる念仏にしても、すぐれた効果がある、という。

そこで、当然、疑問が生まれる。いわく、私たちの行為は、願いに応じて結果を生むものだが、世俗の果報を願いながら、それが「悟り」につながるというのはどういうことか。

源信は、いう。問題は、世俗の幸福を願う行為の中身だ、と。仏の教える善行であれば、願いの内容が違っていても、いずれ必ず、悟りをもたらすことにつながるであろう。だが、天に生まれるために（永遠の悦楽を求めて）、鶏や犬の鳴き声をまねるという行為をしても、それが「悟り」に向かうことはない。

では、このような世俗の幸福を願って、善行を積む者が、「悟り」を得るのはいつになるのか。答える。この者が、輪廻をいくら経ても、善行そのものが滅びることはないので、かならず、悟りを得るであろう、と。

ここで、源信が強調するのは、ものの因果関係の不思議である。その不思議は、仏のみが知ろしめす。仮に、仏のもとで修行し、布施などを実践したものが、その後、悪行に及んで地獄に堕ちたとしても、仏は、彼の善行を見ていて、いずれ、地獄から救い出して、悟りにいたらしめるのである。このように、仏の名号を一度でも聞いたことがあるとか、一度でも唱えたことがある者は、いずれ悟りへの道を歩むのである。あるいは、たとえ、地獄に堕ちるときでも、仏への信順が生まれ、後悔の念が生じるなら、いずれその者は「悟り」へ向かうことができる、ともいう。

それゆえに、「麁心」（「染心《ぜんしん》」も同意、煩悩の心のこと）でもって仏と縁を結ぶだけでも、往生が実現するのであるから、ましてや、「浄心」（清らかな心）から、一度でも仏を念じて、仏の名を称することがあれば、その利益ははかりしれない。仏の「大恩徳」（世の人を救わんとする仏の願いが生むめぐみ）がこれで分かるであろう、と。

「菩薩」の存在理由

源信の本心は、「麁心」よりも「浄心」にあることはいうまでもない。にもかかわらず、彼が「麁心」の仏道を評価するのは、右の議論のほかにも、「浄心」を身につけた、すぐれた仏教徒の存在を信じていたからだと思われる。つぎの一文は、そのことをよくあらわしている。

もし菩薩ありて、法身《ほっしん》を奉行せば、仮使《たとい》衆生の、婬《いん》・怒《ぬ》・痴《ち》盛んなるもの、男女・大小、欲想もて慕ひ楽《ねが》ひ、即ち共に相娯《たの》しまんも、貪欲の塵労《じんろう》は悉く休息《くそく》することを得ん。（岩波、三〇〇頁）

いうところは、つぎのとおり。もし、すぐれた仏教者（「菩薩」）がいて、真理にかなった振る舞いをすれば（「法身を奉行せば」）、たとえ一般人が「貪りや怒り、愚痴」といった「三毒」におかされていても、男女や老若を問わず、欲望のままに慕い、求めあい、互いに楽しんでいても、彼らの煩悩はことごとく鎮められるのだ、と。

文中の「菩薩」をあえて「すぐれた仏教者」としたのは、源信においては、「菩薩」は、仏道を熱心に歩む者をいう言葉であり、本人にもその自覚があったと思われる。そして、そのような「菩薩」が存在すれば、その影響力により、周りの一般の人々も、煩悩をもったままで「悟り」への道を歩むことができる、と確信をしていたのであろう。

ここには、仏教という教えと、その実践者への信頼と敬いが成立している。無宗教を標榜する現代の時代相からみると、うらやましいかぎりではないか。

5 最勝にして容易

「難・易」の道

第七の「諸行の勝劣」は、「念仏」が往生のための行として、もっともすぐれていると述べられてきたが、往生という目的以外でも、なお最勝だといえるのかどうか、を論じる。

源信の結論は、諸行に比べてもなお「念仏」が最勝の行だとする。その証拠として、源信は、経典にある比喩を使う。その際、源信が「易行道《いぎょうどう》」という龍樹の造語を採用していることは、のちの浄土教の展開の上で見過ごすことができない大切な点であろう。

龍樹は、「不退転」（仏道修行の課程で、すでに獲得した功徳や地位、最終的には「悟り」からおちないこと。「無退」ともいう）という位に達するには、二つの道があり、一つは「難行道」、二つが「易行道」だとする。源信は、「念仏」が、この「易行道」だと断じる。

源信が引用する龍樹の言葉、およそつぎのとおり。世間の道に難易がある。難道とは、歩いて移動することであり、苦しい。一方、水上を船で移動するのは、楽しい。このように、悟りを求める道にも、勤行精進する道もあれば、「信方便《しんほうべん》」という「易行」をもって、「不退転」（阿惟越致《あゆいおっち》）にいたる道もある。阿弥陀仏等、また大菩薩の名を称して一心に念ずることは、「不退転」を得るのだ、と（岩波、三〇四―三〇五頁）。

文中の「信方便」とは、信じるという方法で、仏が人の機根に応じて与えたもの、を意味する。「方便」は、すでに説明したが、相手にもっとも適切な方法によって真理に近づく、という意味。また、右の文中にも「名を称して一心に念ずる」とあるように、「念仏」とは、くり返すが、心を集中して仏をイメージすることであり、名を称することは、そのための手段なのである。

源信は、この龍樹の言葉を引用して「ただ念仏の行のみ修し易くして、上位（「不退転」のこと）を証す。知んぬ、これ最勝の行なることを」と、称賛している（岩波、三〇五頁）。

なお、ここにいう「難・易」の区別は、法然や親鸞においては、「自力」と「他力」という、中国浄土教の創始者・曇鸞が用いた仏教の分類用語とともに、重要なはたらきをする。

天台宗の立場

また、源信は「念仏三昧」が最高の修行法だという根拠として、天台宗の立場を明確に打ちだす。天台宗は、仏教全体を「蔵・通・別・円」教という四種に段階づけて、「円教」が最高だとする。「円教」の「円」とは完全、究極を意味する。『法華経』を以て完全な教えとする天台宗のことを「円宗」ともいう。

『法華経』以外にも、それぞれの経典が最高の教えであり、その経典に基づくわが行こそが最高だと説く宗派があるが、天台宗の立場からいえば、それらは、「蔵」(大乗仏教以前の仏教)や「通」(修行者に共通する教え)、「別」(天台宗以外の大乗の教え)という範囲内のことであり、仏教全体を通じての最高なのではない。

また、それぞれの経典が「念仏三昧」を説くが、それもまた、それぞれの範疇のなかのことで、全仏教上の最勝という意味ではない。それに比すと、源信が説いてきた「念仏三昧」は、「円教」のなかの修行であり、そのなかで最勝だということは、全仏教のなかで最勝だという意味だ、とする。

また、源信は、「定」(三昧)には、智慧の裏付けがあるものと、教えの裏付けのないもの

（「暗禅」）という二種があるが、「念仏三昧」は前者である、とも述べている。

6　なぜ信心が生じる人と生じない人があるのか

業の深さ

第八の「信毀《しんき》の因縁」は、同じように教えを聞いても、信じる人と信じない人が生じるのはなぜか、信じる因縁と謗《そし》る因縁について考える。なかでも、信じないわけでもなく、そうかといって、深く信じているとはいえないような、中途半端なあり方について、源信はとくに関心をもつ。それは、彼が念仏を強く勧めるなかで、経験してきた現実のすがたなのであろう。このことはすでにふれたが、くり返しておきたい。

問う。なぜ教えを聞きながら、信じる者と信じない者が生まれるのか。

答える。『無量清浄平等覚経』（『無量寿経』の異本）につぎのようにいう。教えを聞いて感動して信じる者は、彼らがすでに前世で仏道を行じてきたからであり、信じることができない者は、悪道から「人界」に出てきたばかりで、まだその悪の影響が残っているからだ、と。

私は、この説明を読むたびに、人間存在の不思議や不条理を納得して受け入れるためには、結局は、この視点しかないのではないか、と強く思うようになってきている。それは、たんに加齢によるあきらめではなく、それほどに、人間の業は、深いということなのだ。あえて一言。

源信も、あえて個人的見解と断って、つぎのようにいう。現世のできごとは不可解だ。精進努力をしている者が、なかなか信じられない反面、徳の薄い者が教えを聞くこともある。どうしてそうなるのか、その因縁は、私(源信)にはわからない。ただし、いえることが一つある。それは、そんな者(徳の薄い者)は教えを聞いても、信じることも、理解することもできないだろう、ということだ。

その上で、源信は、さらにつぎのような説明をする。人には善と悪がせめぎ合っている状態があるものだ。こういうときは、悪ばかりではないから、教えが聞けないわけでもない。けれども、本人に善をもって悪を駆逐しようという意志が強固なわけでもないから、聞いても、たいした利益にはならないだろう。これが、「六道」を輪廻するもののすがたなのである。だから、上人と敬われるような人間でも、教えを聞くことができず、反対に、凡愚のなかにも、教えを聞くことができる者が生まれるのである。これは、まだはっきりした解釈が生まれていない問題であり、後学を待つ、と。

ただし、不信の者については、はっきりと、つぎのように述べる。

阿弥陀仏の名号の功徳を讃嘆《さんだん》し称揚することを信ぜずして、謗毀《ほうき》することあらん者は、五劫《ごこう》の中、当《まさ》に地獄に堕ちて、具《つぶ》さにもろもろの苦をうくべし。(岩波、三〇九頁)

疑う者の行方

では、深い信心はなく、疑念をもつ者は、ついに往生はできないのか。

答える。まったく信じなくて、念仏はもちろん、往生を願わない者が往生できないのは、道理というものだろう。しかし、仏の智慧を疑いながらも、浄土を願う気持ちがあり、またそのための行を実践するものは、往生は可能である。ただし、その赴く「浄土」は、『無量寿経』によれば、いわばニセの浄土である。そこに生まれると、五百年の間、仏を見ることも説法を聞くこともできず、極楽の聖衆も見ない。だから、経には、そうした往生を「胎《たい》生《しょう》」という、と(岩波、三一〇頁)。

「胎生」とは、浄土に生まれながら、蓮華のなかに閉じ込められていて、ただちに阿弥陀仏等を見ることができない状態をさすが、それはちょうど、母体のなかの胎児に似ているから「胎生」という。「胎生」は、阿弥陀仏の本願を疑う罪として説かれている。

源信は、いう。仏の智慧を疑うのは、まぎれもなく悪道相応である。しかし、そういう者でも、願いのままに往生できるのは、ひとえに阿弥陀仏の悲願の力なのだ、と。「仏の悲願力」という言葉が強調されていることは、注意されてよい。

こうした、阿弥陀仏の本願を疑うがゆえに、往生しても「胎生」の状態になることや、他の経典では、「辺地」とか「懈慢界」とよばれる、いわばニセの浄土に、強い関心をもった人物に親鸞がいる。親鸞は、阿弥陀仏の本願に疑いをもち、その信心が揺らぐあり様に、自己の経験を重ね合わせて、そうした人間に注がれている本願に注目する。そして、最終的には、そうした疑念を超えて、救済へ導かれる過程を「三願転入《さんがんてんにゅう》」として分析している。またのちにふれてみたい。

7　往生の助けになるもの

念仏の暮らしができるために

第九の「助道《じょどう》の資縁」の「助道」の「助」は、衣食住等、生活の糧を得る方法を意味する。

したがって、「助道の資縁」とは、念仏の助けとなる生活上の条件、念仏の暮らしができる環境上の条件、を意味する。

源信は、念仏者にとっても、着るものと食べ物は必須であり、しばしば無視しがちだが大事なことだ。着るものがなく、空腹で、「悟り」を求めることはできない、と注意している。

この点、在家の求道者は、そうした心配はないが、出家者には、切実な問題となる。そこで源信は、出家者といっても、「上根、中根、下根」の三種がある、という。よくできた出家者(「上根」)は、座るところは草、着るものは鹿皮、食べるのは、一菜と一菓のみ。「中根」のものは、食べ物は乞食をして得る。また、着るものは墓地に捨てられた遺体を包んだ布などをつなぎ合わせた「糞掃衣《ふんぞうえ》」である。「下根」の者は、信者からの布施にたよるが、少しの量で満足しなければならない。しかし、そうはいっても不思議なことだが、真摯に求道する出家者には、おのずと生活の糧はそなわるものだ、と源信は書き添える。

その根拠として、源信は、ある経典からつぎのような話を引用する。一つは、釈尊が自ら得た功徳の三分の一を、自分が入滅した後で、「悟り」を求めて瞑想などに励む修行者が生活に困らないように配分しておく、と誓った話である。二つは、釈尊が弥勒菩薩に対して、将来、真摯に修行に励む者たちが「乏少《ぼうしょう》孤独」に終わらないようにしてほしい、と依頼した話である。

興味あるのは、出家の姿をしているが、その実、破戒僧であるような、名前だけの比丘であっても、供養を受けることができる、と説いている点だ。もとより、このような破戒僧に対しては、厳格な処罰を求める立場もある。だが、源信は、破戒に対する処分は、厳しすぎても、緩すぎても仏の教えに反する、と諭す（岩波、三一六頁）。問題の本質は、求道の優先であって、生活の糧の確保は二次的だということにある。源信もそのことをはっきりさせるために、この「助道の資縁」を設けたのであろう。

師友と経典

第十、「助道の人法《にんぽう》」の「人」は、師匠と友人のこと、「法」は経典の文。「助道の人法」とは、念仏の助けとなる師友と経典をいう。

はじめに、よき師（「明師」）をもつことについて。一般に、宗教という「大きな物語」との出遇いは、しばしば、よき人（仏教では「善知識」とよばれる）との出遇いにあるといってもよい。それは、人生全体の質を決める出来事でもあろう。それほどに、よき人との出遇いは重要である。それは、現代も、千年前も変わらない。源信もまた、よき人との出遇いを強調する。

もし人、憍心《きょうしん》もて自ら高くすれば、則ち法水入らず。もし善き師を恭敬《くぎょう》すれば、功徳これに帰す。(岩波、三一六頁)

あるいは、『法華経』は、「善知識はこれ大因縁なり」と述べ、別の書は、善知識は「全因縁」だと述べている、と明かす。いずれも、よき師、よき友人が求道の上で不可欠であり、そのすべてでだ、ということなのである。

二つは、よき同行がいること。源信は、よき友の条件は、「共に嶮《けん》(険しい山路)を渉《わた》るが如くする」にあるという。また、臨終まで互いに助け合い、励まし合える仲であれ、と。ここには、あきらかに、「二十五三昧会」が念頭にあるのであろう。

三つは、「念仏相応の教文に於て、常に応に受持し披読《ひどく》し習学すべし」、と(岩波、三一六頁)。

つぎに、どのような経文が念仏にふさわしいのか、と問う。『往生要集』が引用する経典類は千点を超えるといわれているが、ここでは、源信はつぎの経典類を一々理由を付して答えとする。

たとえば、極楽の「依正」を明らかにし、往生人の九品《くほん》を説く点では、『観無量寿経』を、本願と極楽の細部を説く点では『無量寿経』を、諸仏の相好とその滅罪については『観仏三味経』を、仏の色身・法身の相と三昧の勝利では『般舟三昧経』等をあげる。また、偈によって簡潔に教えを説くものとしては『浄土論』。修行の方法については、『摩訶止観』や『観念法門』等。あるいは、毎日称えるには『小阿弥陀経』が最適だと示す。また、問答による教理的解明では、『十疑論』や『安楽集』等々。

『往生要集』執筆の動機について

以上に見たように、すでに多くの経典類があるのだから、今、それとは別にどうして『往生要集』という書をわざわざ著す必要があるのか、と問う。

答える。「予が如き者、広き文を披《ひら》くこと難きが故に、いささかその要を抄す」、と（岩波、三一八頁）。

また、『往生要集』では、多くの経論を引用しているが、これはそれぞれの書物の意図を乱すことになるがどうか、という詰問を設定して、それに対しては、つぎのように答えている。多くは意を汲んで引用しているし、文字の省略は、意図を誤ることにはならない。ましてや、繁を厭って、「乃至」、「略抄」、「取意」と断っている。それも、学ぶ者をして本文を参照しやすいように、という配慮からだ。また、しばしば「私の詞《ことば》」を挿入しているが、誤りがあればこだわらないから、読者がそれぞれに取捨して「正理《しょうり》」（正しい道理）に合うようにしてほしい、と。

そして源信としては、自らの著作の本意は、つぎの『華厳経』の偈にある、として引用する。

もし菩薩の　種々の行を修行するを見て　善・不善の心を起すことありとも　菩薩は皆摂取す（岩波、三二九頁）

本書に対する謗りがあっても、それもまた結縁だというのが、源信の本心なのである。ちなみに、この『華厳経』の偈は、親鸞の『教行信証』の掉尾《ちようび》を飾っている。

『往生要集』の最後の問いは、つぎのとおり。


多日、筆を染めて身心を劬労《くろう》せし、その功なきにあらず。何事をか期するや。

答ふ。「このもろもろの功徳に依りて　願はくは命終の時に於て　弥陀仏の　無辺の功徳の身を見たてまつることを得ん　我及び余の信者と　既にかの仏を見たてまつり已らば願はくは離垢《りく》（煩悩を離れた）の眼《まなこ》を得て　無上菩提（最高の悟り）を証せん」となり。

（岩波、三二九頁）

このように、源信は、浄土で阿弥陀仏に見《まみ》えることを、生涯の最大の願いとしていたことが分かる。それは、現代の私たちからすると、遠い、かけ離れた願いのように思われる。だが、「はじめに」で述べたように、源信が創出した、「地獄と極楽」という図式によってひきおこされる、人間の深層における目覚めは、千年の時を隔てていても同じなのではないか。そうした目覚めのきっかけとなる『往生要集』は、これからも読み継がれていくと思われるが、読者諸氏はどう思われるか。

第十章
法然と親鸞に生きる『往生要集』

1　法然の場合

「往生要集を先達として」

法然房源空が、比叡山延暦寺で出家して天台宗の僧侶になったのは、一一四七年、十五歳のときであった。『往生要集』が著されてから、一六二年後になる。

法然がいつ『往生要集』と出遇ったのかは定かではないが、『私聚百因縁集《しじゅひゃくいんねんしゅう》』によると、三十三歳のころであったという。そこには、およそつぎのように記されている。この年、往生浄土の教門に入り、曇鸞・道綽・善導・懐感等の著作から『往生要集』にいたるまで、読むこと両三返に及び、他力往生の直道を得た、と。また、別の伝記では、「往生要集を先達と為して浄土門に入る」、とある（梶村昇『法然上人伝』上、一八二頁）。

法然がいかに『往生要集』を熟読したかは、『往生要集』について四編の論文が残されていることからも分かる。ただし、いくつかの点で、源信の考え方が否定されている。

その一つは、源信があれほど強調した「発菩提心」の否定であり、二つは、念仏について、源信が終始強調してきた「観想」（「観察」、「観念」ともいう）を否定して、口称に特化させている点である。

だが、「厭離《おんり》穢土《えど》・欣求《ごんぐ》浄土《じょうど》」という図式の意味は、しっかりと受け継がれている。法然においては、浄土が絶対的価値をもつのであり、現世が意味をもつのは、浄土に生まれることを前提にしたときのみである。このような、現世と浄土のもつ緊張関係が、法然の「本願念仏」に生命を吹き込むのである。もし、この世に「浄土」が成立するということになるのであれば、念仏は呪文に成り下がることになろう。そういう点では、法然の「本願念仏」の主張は、源信を否定的媒介として生まれたといってよいだろう。

「発菩提心」の否定

法然によると、『往生要集』の要《かなめ》は、「大文第四」と「大文第五」にあり、それ以外は二義的でしかないとする。そして、「大文第四」のなかでも、「作願」と「観察」の二門が要《かなめ》だとした上で、「作願門」にある「発菩提心」を否定する（「往生要集釈」ほか『昭和新修法然上人全集』所収）。「発菩提心」の重要性については、源信が力を込めて力説していることはすでに見た。くり返せば、源信はいう。「発菩提心とは、正に仏に作《な》らんと願ふ心」であり、「当に知るべし、菩提心はこれ浄土の菩提の綱要なることを」（岩波、九一頁）、と。

その「発菩提心」を、法然は否定するのである。理由は、主著『選択本願念仏集』（一一九八年成立）の「本願章」にある。法然によれば、阿弥陀仏の浄土に生まれるためには、阿弥陀仏の本願、とくに第十八願に裏付けられた称名念仏だけが有効なのであり、それ以外のいかなる行も不要となるからだ。

ただし、法然は、「発菩提心」の無効は、教えが劣っているためではなく、人間の質の問題だと、つぎのように述べている。「理観・菩提心・読誦大乗・真言・止観等はいずれも仏法のおろかにましますにはあらず、皆《みな》生死済度の法なれども、末代になりぬれば力及ばず、行人の不法なるによりて機は及ばぬ也」（「十二問答」、旧仮名遣いを改め、句点を入れた。前出、六三三頁）。

「行人の不法なるによりて」とは、仏教を実践する者が、教えにしたがうことができない、ということ。「機」とは、教えを実践する人間、器のこと。器が教えに及ばないので、教えを実践することができない、という意味。

そして法然は、中国の浄土教思想家善導が、「菩提心」がなくとも往生できる、と説くことに共感して、『往生要集』の後は、ひとえに善導に学んでゆくのである。

私の見るところ、法然の「菩提心」否定の背後には、つぎのような考察もあったのではないかと推測する。つまり、それまでの仏教では、仏になりたいと願う心は、自己の救済だけではなく、他者を済度するという利他の精神を意味した。いや、利他の精神が、自己の救済よりも先に求められている。それが、仏教の教える「菩提心」にほかならない。「四弘誓願」の順序を思い起こしてほしい。「無辺の衆生」を「済度」することが第一に誓われているのである。果たして、凡夫にそのような誓いが可能であろうか。凡夫には、利他の精神の持続はきわめて難しいことではないか。自身を凡夫と認識する法然の立場からいえば、「菩提心」は発しようもないではないか。

ところで、この法然の「菩提心」の否定は、当時の仏教界に大きな衝撃を与えることになる。なぜならば、「菩提心」を発すことは、およそ仏教徒であろうとするかぎり、宗派のいかんを問わず、必須と考えられていたからである。「仏になりたい」と願うことなくして、どうして仏教徒であることができるのか、というわけである。

その法然批判の先頭に立ったのが、華厳宗の明恵《みようえ》であった。『摧邪輪《ざいじやりん》』(一二一二年成立)

は、そのための書である。『摧邪輪』はいう。法然の『選択本願念仏集』には、二つの致命的な過失がある。一つには「菩提心」を撥去《はっきょ》する過失、二つには「聖道門」を群賊に譬える過失である。なかでも、「菩提心」は、「聖道門」も「浄土門」も、阿弥陀仏の本願にいたるまで、すべて仏教の根底にあるもので、それを否定する仏教者はいないとし、「汝の集（『選択本願念仏集』）はこれ仏法にあらず」、と全否定している（「聖道門」を「群賊」に譬えるのは、法然が『選択本願念仏集』に引用する、善導の「二河白道」の比喩に関してなされたもの）。

念仏は称名念仏

法然の『往生要集』の否定的継承の二つ目は、念仏の解釈にある。源信においては、念仏はあくまでも、「観想」が優越していて、口称は、その「観想」を助ける手段である。しかし、法然は、源信が念仏を「観察門」の異名とし、行としては、「観想」と「称名」の二義をあげるが、自分としては、称名が往生の至要だと思う、と断定している。

たとえば、「口にてとなふるも名号、心にて念ずるも名号なれば、いづれも往生の業とはなるべし。たゞし仏の本願は、称名の願なるがゆへに、声をたてゝとなふべき也」（「十二問答」『和語灯録』巻四『昭和新纂国訳大蔵経・宗典部第三巻』、一三三頁）。

法然における念仏は、あくまでも阿弥陀仏の本願に裏付けられた念仏なのであり、だからこそ、法然は主著にも「本願念仏」と記しているのである。なぜ「本願」の裏打ちを必要とするのか。一言でいえば、その本願は、「南無阿弥陀仏」と口に称えることによって、すべての人々を無条件に浄土に生まれさせて、仏とすると誓っているからである。その誓いに、法然は人間の全救済をゆだねきったといえる。

この点、源信が「助念仏」を説き、念仏以外の行をもって念仏の資助として浄土に往生する、としているが、それは、法然の容認できる論理ではなかった。

こうした、『往生要集』の批判は、おのずと法然自身をして天台宗からの離脱をうながすことになり、四十三歳（一一七五年）のとき、ついに比叡山を下りて京都東山に住むことになる。

考えれば、源信が所属していた天台宗は、天台のほかに、密教・律・浄土・禅の五つの部門からなり、しかも、天台以外は、最終的には天台に吸収、統合される「寓宗《ぐうしゅう》」でしかなかった。「寓宗」とは、教えの大系としては一派をなしても、「宗派」にはなれず、どこかの「宗派」（この場合では「天台宗」）に所属しなければならない。念仏の場合も、「天台宗」の説く観想（瞑想）の一部になることが求められている。その観想の念仏を否定する以上、法然が比叡山にとどまる理由はないことになる。

こうして、阿弥陀仏の本願を前面に押し立てた専修念仏があらたに生まれることになる。

また「浄土門」に過ぎなかった浄土の教えを「浄土宗」として、それまでの「宗」とならぶ地位をもつものとして樹立することになる。

以後、称名念仏が、日本の浄土教のなかでは、主流となって今日にいたるのである。

2　親鸞の場合

『往生要集』の再生

明恵によって、法然の主著が仏教ではないと否定されたことは、その後、法然の弟子たちには、大きな課題を突きつけることになる。その課題を正面から引き受けて、法然の専修念仏が仏教の正統にあることを論証したのが、親鸞である。その主著『教行信証』は、そのための弁論の書でもある。

法然が『往生要集』を否定的に継承したとするならば、親鸞は、『往生要集』中の文の多くを引用して、『選択本願念仏集』を正当化したのである。それは、源信の思想を、法然を媒介として、肯定的に再生する作業でもあったといえる。

親鸞がその著『教行信証』において、『華厳経』や『涅槃経』を多数引用するが、その数は『往生要集』のそれと近いといわれている（松野純孝『親鸞』、一四頁）。

これらの経典は、「諸法実相」（「煩悩即菩提」、「生死即涅槃」）を基本とする経典であり、源信が多用する論理である。ちなみに、『選択本願念仏集』には、この二つの経典からの引用はほとんどない。

「三願転入」

ところで、さきに、親鸞は、源信の説く「懈慢界《けまんかい》」や「胎生」、「辺地」といった、いわばニセの浄土に強い関心を示している、と紹介した。それは、「他力」（阿弥陀仏の本願の力）を基本に据えた上で、浄土往生を願う精神を分類するところから生まれたといってよい。

つまり、一つは、「他力」を信じることができる人、二つは、「他力」を信じることが中途半端な人で、「半自力・半他力」という人、三つは、今まで通りの「自力」に立つ人、この三分類である。そして、親鸞によれば、ニセの浄土に生まれるのは、後者の、「半自力・半他力」と「自力」の人々なのである。

しかも、この人間の三分類には、阿弥陀仏の本願がそれぞれに対応している、と親鸞は考える。つまり、「他力」の人には、第十八願が、「半自力・半他力」の人には、第二十願が、そして「自力」の人には、第十九願が対応している、というのである。

さらに重要なことは、親鸞によると、念仏の道を歩む者は、はじめは「自力」から出発し、途中で、「半自力・半他力」の道へ入り、そして最終的には「他力」へ入る、というのである。本願でいえば、三種の本願の支えを得るということになる。

親鸞がこのように、「三願転入」、つまり、「自力」から「他力」の念仏にいたる道筋を三つの本願と関係づけて考察したのも、親鸞自身における求道の経験を踏まえてのことであったと考えられる。そして、そのきっかけこそ、『往生要集』にあったといえよう。

こうした、親鸞における源信の影響については、ここでは、これ以上ふれない。なぜならば、その理解のためには、法然はもちろん、親鸞の教学体系全体の解説が必要となるからであり、それに関しては、私もすでに何冊かの著書を公刊しているので、それに譲りたい。

いずれにしても、法然も親鸞も、源信の『往生要集』を経て、その教説をつくりあげたのであり、法然や親鸞を正確に理解するためには、『往生要集』にまでさかのぼる必要がある、ということなのである。

あとがき

今回、『往生要集』を読み返してみて、あらためて強く感じたことがある。それは、源信の強い求道心である。もとより、当時、比叡山で出家、修行をするほどの人は、源信にかぎらず、誰でも強い求道心はもっていたであろう。だが、源信の求道心は図抜けているように思われる。

というのも、仏教では、自己の救済よりも、すべての人々の救済を優先することが求められているが、源信は文字通り、それを実践しているのである。彼の求道には、おのれ一個の救済を願う箇所はない。もちろん、他者を救済することは、一人だって難しい。しかし、源信は、まったくひるんではいない。むしろ、現実がどうであれ、彼は、一切の衆生を度したい、という「願い」に生きるのである。

思えば、人間にとって、「願い」がどれだけ大切な役割をもっているか、少しでも人生の辛酸を嘗めた人にはよく分かることではないか。人は、「願い」に生きるのである。人生とは、大げさにいえば、「願い」の過程そのものなのであろう。源信は、まさしく、その「願い」に生きたのである。

源信にとって、浄土は仏道修行の理想的環境にほかならない。それだけに、源信の目線は、ひたすら、浄土へ、浄土へと強烈に向かう。源信のこうした浄土への目線の熱さに、私は深く感動するようになったが、思えば、それも、私が長年、法然や親鸞の仏教に親しんできたためなのであろう。

一言でいえば、法然や親鸞においては、人から阿弥陀仏への目線よりも、阿弥陀仏から人間への目線が強く意識されているということに関係する。つまり、法然や親鸞においては、人から阿弥陀仏にいたる道は、誤解を承知でいえば、放棄されている。ひたすら、阿弥陀仏からの視線によって、念仏という行が位置づけられているのである。その原因は、いうまでもなく、人が自らの努力によって浄土にいたることは不可能だ、という断念にある。

もちろん、源信にも、煩悩が求道を妨げることについての深い悲しみはある。しかし、それでもなお、「ここに座して、ここに阿弥陀仏を見る」という瞑想の力を信じる。あるいは、本文でもふれているが、一滴の水でも、滴り続けるならば、大器をも満たすことができる、それが源信の信念であった。それは、裏を返していえば、おのれの求道心に対する深くて熱い信頼なのであろう。

現代は、宗教的求道心が衰弱している時代ではある。だが、「はじめに」のなかでもふれておいたように、微弱であっても求道心は死んではいない。そうした微弱な求道心をよみがえらす上では、『往生要集』は、今も力をもつことを、あらためて確信する。
なお本書は、筑摩書房編集部の伊藤笑子さんのたってのご依頼を受けて生まれたことを、とくに明記したい。というのも、伊藤さんの求道心が、私の求道心に火をつけたからである。心からお礼を申し上げる。

阿満利麿

二〇二〇年四月

主な参考文献

石田瑞麿校注『日本思想大系6　源信』一九七〇年、岩波書店
花山信勝校訂訳註『原本校註漢和対照　往生要集』一九三七年／一九七六年、山喜房佛書林
川崎庸之責任編集・解説『日本の名著4　源信』一九七二年／一九七四年、中央公論社
花山勝友訳『源信　往生要集』一九七二年／二〇一一年、徳間書店
梯信暁訳註『新訳　往生要集』上下巻、二〇一七年、法蔵館
石井教道編『昭和新修法然上人全集』一九五五年／一九七四年、平楽寺書店
井上光貞他『往生伝　法華験記』（『日本思想大系7』）一九七四年、岩波書店
井上光貞『新訂日本浄土教成立史の研究』一九七五年、山川出版社
梶村昇『法然上人伝』上下巻、二〇一三年、大東出版社
佐竹昭広、久保田淳校注『方丈記　徒然草』（『新日本古典文学大系39』）一九八九年、岩波書店
佐藤春夫訳注、石田充之解説『観無量寿経』二〇一五年、ちくま学芸文庫
末木文美士、梶山雄一『浄土仏教の思想　第二巻　観無量寿経・般舟三昧経』一九九二年、講談社
中村元『佛教語大辞典』一九七五年、東京書籍

細川巌『龍樹の仏教――十住毘婆沙論』二〇一一年、ちくま学芸文庫
松野純孝『増補　親鸞』二〇一〇年、東本願寺出版部
三木紀人校注『新潮日本古典集成　方丈記　発心集』一九七六年、新潮社
蓑輪秀邦編纂『解読浄土論註』一九八七年、東本願寺出版部

自著

訳解説『選択本願念仏集』二〇〇七年、角川ソフィア文庫
『法然入門』二〇一一年、ちくま新書
『法然を読む』二〇一一年、角川ソフィア文庫
注解『無量寿経』二〇一六年、ちくま学芸文庫
『日本精神史――自然宗教の逆襲』二〇一七年、筑摩書房
『『教行信証』入門』二〇一九年、筑摩書房

阿満利麿 あま・としまろ

一九三九年生まれ。京都大学教育学部卒業後、NHK入局。社会教養部チーフ・ディレクター、明治学院大学国際学部教授を経て、現在明治学院大学名誉教授、同人誌「連続無窮」主宰。専門は日本精神史。『教行信証』入門』『日本精神史――自然宗教の逆襲』(以上、筑摩書房。単行本)、『柳宗悦――美の菩薩』『無量寿経』『行動する仏教――法然・親鸞の教えを受けつぐ』『宗教の深層』『宗教は国家を超えられるか』『法然の衝撃』『親鸞・普遍への道』『歎異抄』『親鸞からの手紙』(以上、ちくま学芸文庫)、『法然入門』『仏教と日本人』『無宗教からの『歎異抄』読解』『日本人はなぜ無宗教なのか』『人はなぜ宗教を必要とするのか』(以上、ちくま新書)、『社会をつくる仏教』(人文書院)、『選択本願念仏集』(角川ソフィア文庫)など著書多数。

筑摩選書 0204

『往生要集《おうじょうようしゅう》』入門《にゅうもん》 人間《にんげん》の悲惨《ひさん》と絶望《ぜつぼう》を超《こ》える道《みち》

二〇二一年一月一五日 初版第一刷発行

著者 阿満《あま》利麿《としまろ》

発行者 喜入冬子

発行所 株式会社筑摩書房
東京都台東区蔵前二-五-三 郵便番号 一一一-八七五五
電話番号 〇三-五六八七-二六〇一(代表)

装幀者 神田昇和

印刷 製本 中央精版印刷株式会社

 ISBN978-4-480-01712-3 C0315